대한민국 제21대 대통령 이재명
희망의 대한민국

대통령 취임 특별 수록집

대한의 소리

대한민국 제21대 대통령
이재명
희망의 대한민국

— · 대통령 취임사 특별 수록집 · —

목차

들어가며 06

— 1. 제21대 대통령 이재명 —

제21대 대통령 취임사 10
대통령 취임 선서 23
대통령 주요 공약 24
후보자 정보 공개자료 57
주요 경력 및 업적 58

— 2. 부록 —

대한민국 역대 대통령 연혁 66
대한민국 역대 대통령 취임사 68
대한민국 헌법 전문 214

들어가며

새로운 대한민국의 시작, 이재명 대통령과 함께하는 위대한 첫걸음.

역사적인 제21대 대통령 선거에서 국민의 선택을 받은 이재명 대통령과 함께 대한민국은 새로운 변화의 문을 열었습니다.

평범한 시민에서 시작해 국가 지도자의 자리까지 오른 이재명 대통령은
대한민국을 공정과 정의, 혁신적 복지가 살아 숨 쉬는 나라로 만들겠다는
굳건한 약속을 국민 앞에 밝혔습니다.

지금 우리는 더 나은 대한민국을 향한 희망의 출발점에 서 있습니다.

우리는 지금, 새로운 대통령, 새로운 대한민국.
새로운 역사의 첫 페이지를 쓰고 있습니다.

이 책을 펼치고, 더 나은 대한민국의 미래를 먼저 만나 보시길 바랍니다.

1장

제21대 대통령 이재명

제21대 대통령 취임사

존경하고 사랑하는 국민 여러분,

여러분이 선택해 주신 대한민국 제21대 대통령 이재명 인사드립니다.

한없이 무거운 책임감과 한없이 뜨거운 감사함으로 이 자리에 섰습니다.

5200만 국민이 보내주신 5200만 가지 열망과 소망을 품고 오늘부터 저는 대한민국 21대 대통령으로서 진정한 민주공화국 대한민국을 향한 첫발을 내딛습니다.

미래가 우리를 향해 손짓하고 있습니다.

벼랑 끝에 몰린 민생을 되살리고,

성장을 회복해 모두가 행복한 내일을 만들어갈 시간입니다.

정쟁 수단으로 전락한 안보와 평화,

무관심과 무능, 무책임으로 무너진 민생과 경제,
장갑차와 자동소총에 파괴된 민주주의를 다시 일으켜 세울 시간입니다.
우리를 갈라놓은 혐오와 대결 위에 공존과 화해, 연대의 다리를 놓고,
꿈과 희망이 넘치는 국민행복 시대를 활짝 열어젖힐 시간입니다.
한강 작가가 말한 대로, 과거가 현재를 돕고, 죽은 자가 산자를 구했습니다.
이제는 우리가, 미래의 과거가 되어 내일의 후손들을 구할 차례입니다.
국민 앞에 약속드립니다.
깊고 큰 상처 위에 희망을 꽃피우라는 준엄한 명령과,
완전히 새로운 나라를 만들라는 그 간절한 염원에 응답하겠습니다.
이번 대선에서 누구를 지지했든 크게 통합하라는 대통령의 또 다른 의미에 따라,
모든 국민을 아우르고 섬기는 '모두의 대통령'이 되겠습니다.
대한민국은 오늘도 새로운 역사를 쓰고 있습니다.
식민지에서 해방된 나라 가운데 유일하게 산업화와 민

주화에 성공한 나라,

 세계 10위 경제력에 세계 5위의 막강한 군사력을 자랑하며 K컬처로 세계 문화를 선도하는 나라.

 이 자랑스러운 동방의 한 나라가 이제는,

 맨손의 응원봉으로 최고 권력자의 군사 쿠데타를 진압하는 민주주의 세계사의 새 장을 열고 있습니다.

 대한민국의 이 위대한 여정을

 대한국민의 이 위대한 역량을

 전 세계인이 경이로움으로 지켜보고 있습니다.

 오색 빛 혁명, K민주주의는 위기에 처한 민주주의의 새 활로를 찾는 세계인들에게 뚜렷한 모범이 되었습니다.

 사랑하는 국민 여러분,

 우리는 지금 대전환의 분기점에 서 있습니다.

 낡은 질서가 퇴조하고 새 질서, 문명사적 대전환이 진행 중입니다.

 지금까지 겪어보지 못한 초과학기술 신문명 시대,

 눈 깜빡할 새 페이지가 넘어가는 인공지능 무한 경쟁 시대가 열렸습니다.

 기후 위기가 인류를 위협하고, 산업 대전환을 압박합니다.

 보호주의 확대와 공급망 재편 등 급격한 국제 질서 변화는 우리의 생존을 위협합니다.

변화에 뒤처져 끌려갈 것이 아니라 변화를 주도하며 앞서가면 무한한 기회를 누릴 수 있습니다.

그러나 안타깝게도, 이 중차대한 시기에 우리는 민생, 경제, 외교, 안보, 민주주의 모든 영역에서 엉킨 실타래처럼 겹겹이 쌓인 복합 위기에 직면했습니다.

대한민국의 현재와 미래가 동시에 위협받고 있습니다.

지친 국민의 삶을 구하고 민주주의와 평화를 복구하는 일, 성장을 회복하고 무너진 국격을 바로 세우는 일에는 짐작조차 힘든 땀과 눈물, 인내가 필요할 것입니다.

그러나 그늘진 담장 밑에서도 기필코 해를 찾아 피어나는 6월의 장미처럼,

우리 국민은 혼돈과 절망 속에서도 나아갈 방향을 찾았습니다.

주권자 국민의 뜻을 침범 삼아 험산을 넘고 가시덤불을 헤치고서라도 전진하겠습니다.

민생 회복과 경제 살리기부터 시작하겠습니다.

불황과 일전을 치르는 각오로 비상경제대응TF를 바로 가동하겠습니다.

국가 재정을 마중물로 삼아 경제의 선순환을 되살리겠습니다.

이제 출범하는 민주당 정권 이재명 정부는 정의로운 통합정부, 유연한 실용정부가 될 것입니다.

통합은 유능의 지표이며, 분열은 무능의 결과입니다.

국민 삶을 바꿀 실력도 의지도 없는 정치 세력만이 권력 유지를 위해 국민을 편 가르고 혐오를 심습니다.

분열의 정치를 끝낸 대통령이 되겠습니다.

국민 통합을 동력으로 삼아 위기를 극복하겠습니다.

민생, 경제, 안보, 평화, 민주주의 등 내란으로 무너지고 잃어버린 것들을 회복하고,

지속적으로 성장 발전하는 사회를 만들겠습니다.

국민이 맡긴 총칼로 국민주권을 빼앗는 내란은, 이제 다시는 재발해선 안 됩니다.

철저한 진상 규명으로 합당한 책임을 묻고, 재발 방지책을 확고히 마련하겠습니다.

공존과 통합의 가치 위에 소통과 대화를 복원하고, 양보하고 타협하는 정치를 되살리겠습니다.

낡은 이념은 이제 역사의 박물관으로 보냅시다.

이제부터 진보의 문제란 없습니다.

이제부터 보수의 문제도 없습니다.

오직 국민의 문제, 대한민국의 문제만 있을 뿐입니다.

박정희 정책도, 김대중 정책도, 필요하고 유용하면 구별

없이 쓰겠습니다.

이재명 정부는 실용적 시장주의 정부가 될 것입니다.

통제하고 관리하는 정부가 아니라 지원하고 격려하는 정부가 되겠습니다.

창의적이고 능동적인 기업 활동을 보장하기 위해 규제는 네거티브 중심으로 변경하겠습니다.

기업인들이 자유롭게 창업하고 성장하며 세계 시장에서 경쟁할 수 있도록 든든하게 뒷받침하겠습니다.

국민의 생명과 안전, 노동자의 정당한 권리를 위협하고, 부당하게 약자를 억압하며, 주가 조작 같은 불공정 거래로 시장 질서를 위협하는 등, 규칙을 어겨 이익을 얻고 규칙을 지켜 피해를 입는 것은 결코 허용하지 않겠습니다.

모든 국민의 기본적 삶의 조건이 보장되는 나라, 두터운 사회안전망으로 위험한 도전이 가능한 나라여야 혁신도 새로운 성장도 가능합니다.

개인도, 국가도 성장해야 나눌 수 있습니다.

국익 중심의 실용 외교를 통해 글로벌 경제·안보 환경 대전환의 위기를 국익 극대화의 기회로 만들겠습니다.

굳건한 한미 동맹을 토대로 한미일 협력을 다지고, 주변국 관계도 국익과 실용의 관점에서 접근하겠습니다.

외교의 지평을 넓히고, 국제적 위상을 높여 대한민국 경제 영토를 확장해 나가겠습니다.

존경하는 국민 여러분,

위대한 빛의 혁명은 내란 종식을 넘어 빛나는 새 나라를 세우라고 명령합니다.

희망의 새 나라를 위한 국민의 명령을 준엄히 받들겠습니다.

첫째, 명실상부한 '국민이 주인인 나라'를 만들겠습니다.

대한민국은 민주공화국이고, 주권은 대한국민에게 있습니다.

언제 어디서나 국민과 소통하며 국민의 주권의지가 일상적으로 국정에 반영되는 진정한 민주공화국을 만들겠습니다.

빛의 광장에 모인 사회 대개혁 과제들을 흔들림 없이 추진하겠습니다.

둘째, 다시 힘차게 성장 발전하는 나라를 만들겠습니다.

기회와 자원의 불평등이 심화되고, 격차와 양극화가 성장을 가로막는 악순환이 지속되고 있습니다.

저성장으로 기회가 줄어드니, 함께 사는 경쟁 대신 네가 죽어야 내가 사는 전쟁만 남았습니다.

극한 경쟁에 내몰린 청년들이 남녀를 갈라 싸우는 지경이 되었습니다.

경쟁 탈락이 곧 죽음인 불평등 사회가 갈라치기 정치를 만나 사회 존속을 위협하는 극단주의를 낳았습니다.

새로운 성장 동력을 만들고, 성장의 기회와 결과를 함께 나누는 공정 성장이 더 나은 세상의 문을 열 것입니다.

가난해도 논밭 팔아가며 자식들 공부시킨 부모 세대의 노력이 지금의 대한민국을 만든 것처럼,

정부가 나서 다가올 미래를 준비하고 지원하며 투자하겠습니다.

AI, 반도체 등 첨단 기술 산업에 대한 대대적 투자와 지원으로 미래를 주도하는 산업 강국으로 도약하겠습니다.

기후 위기 대응이라는 세계적 흐름에 따라 재생에너지 중심 사회로 조속히 전환하겠습니다.

에너지 수입 대체, RE100 대비 등 기업 경쟁력 강화에 더하여,

촘촘한 에너지 고속도로 건설로 전국 어디서나 재생에너지를 생산할 수 있게 해 소멸 위기 지방을 살리겠습니다.

셋째, 모두 함께 잘사는 나라를 만들겠습니다.

자원이 부족했던 대한민국은 특정한 지역, 기업, 계층에 몰아 투자하는 불균형 발전 전략으로 세계 10위 경제 대국으로 압축 성장했습니다.

그러나 이제는 불균형 성장 전략이 한계를 드러내고,
불평등에 따른 양극화가 성장을 가로막게 되었습니다.
이제 지속적 성장을 위해서는 성장발전 전략을 대전환해야 합니다.
균형발전, 공정성장 전략, 공정사회로 나아가야 합니다.
수도권 집중을 벗어나 국토 균형 발전을 지향하고,
대.중.소.벤처기업과 스타트업이 유기적으로 협력하는 산업 생태계를 만들고,
특권적 지위와 특혜가 사라진 공정 사회로 전환해야 합니다.
성장의 기회와 과실을 고루 나누는 것이 지속 성장의 길입니다.
성장과 분배는 모순관계가 아닌 보완관계인 것처럼,
기업 발전과 노동 존중은 얼마든지 양립할 수 있습니다.
넷째, 문화가 꽃피는 나라를 만들겠습니다.
"오직 한없이 가지고 싶은 것은 높은 문화의 힘이다."
백범 김구 선생의 꿈이 이제 현실이 되어 가고 있습니다.
K팝부터 K드라마, K무비, K뷰티에 K푸드까지, 한국 문화가 세계를 사로잡고 있습니다.
문화가 곧 경제이고, 문화가 국제 경쟁력입니다.
한국 문화의 국제적 열풍을 문화산업 발전과 좋은 일자

리로 연결시켜야 합니다.

 대한민국의 문화산업을 더 크게 키우겠습니다.

 적극적인 문화 예술 지원으로 콘텐츠의 세계 표준을 다시 쓸 문화 강국,

 글로벌 소프트파워 5대 강국으로 도약하겠습니다.

 다섯째, 안전하고 평화로운 나라를 만들겠습니다.

 안전과 평화는 국민 행복의 대전제입니다.

 안전이 밥이고, 평화가 경제입니다.

 세월호, 이태원 참사, 오송지하차도 참사 등 사회적 참사의 진상을 명확히 규명하고,

 국민의 생명과 재산이 위협받지 않는 안전 사회를 건설하겠습니다.

 분단과 전쟁의 상처를 치유하고 평화 번영의 미래를 설계하겠습니다.

 아무리 비싼 평화도 전쟁보다 낫습니다.

 싸워서 이기는 것보다, 싸우지 않고 이기는 것이 낫고,

 싸울 필요 없는 평화가 가장 확실한 안보입니다.

 북한 GDP의 2배에 달하는 국방비와 세계 5위 군사력에,

 한미 군사동맹에 기반한 강력한 억지력으로 북핵과 군사도발에 대비하되,

 북한과의 소통 창구를 열고 대화 협력을 통해 한반도 평

화를 구축하겠습니다.

불법 계엄으로 실추된 군의 명예와 국민 신뢰를 회복하고,

다시는 군이 정치에 동원되지 않도록 하겠습니다.

사랑하고 존경하는 국민 여러분,

생사를 넘나드는 숱한 고비에도 오직 국민에 대한 믿음을 부여잡고

국민께서 이끌어주신 길을 따라 여기까지 왔습니다.

이제 국민께서 부여한 사명을 따라 희망을 찾아가겠습니다.

우리 국민은 하나일 때 강했고,

국민이 단합하면 어떤 역경이든 이겨냈습니다.

일제의 폭압에 3·1운동으로 맞서며 대한민국 임시정부를 수립했고,

분단의 아픔과 전쟁의 폐허 위에서 세계가 놀랄 산업화를 이뤄냈습니다.

엄혹한 독재에 맞서 민주주의를 쟁취했고,

세계사에 없는 두 번의 아름다운 무혈혁명으로 국민주권을 되찾았습니다.

우리 국민의 이 위대한 역량이라면, 극복하지 못할 위기는 없습니다.

높은 문화의 힘으로 세계를 선도하는 나라,
앞선 기술력으로 변화를 주도하는 나라,
모범적 민주주의로 세계의 귀감이 되는 대한민국.
우리 대한민국이 하면 세계의 표준이 될 것입니다.
존경하는 국민 여러분.
회복도 성장도 결국은 이 땅의 주인인 국민의 행복을 위한 것입니다.
모든 국가 역량이 국민을 위해 온전히 쓰이는 진정한 민주공화국을 만듭시다.
작은 차이를 넘어 서로를 인정하고 존중하며,
국민이 주인인 나라,
국민이 행복한 나라,
진짜 대한민국을 향해 함께 나아갑시다.
국가권력을 동원한 내란에 저항하고,
아름다운 빛으로 희망 세상을 열어가는 국민 여러분이 이 역사적 대장정의 주역입니다.
대한민국 주권자의 충직한 일꾼으로서,
5200만 국민의 삶과 국가의 미래를 위탁받은 대리인으로서
21대 대한민국 대통령에게 주어진 책임을 충실히 이행하겠습니다.

고맙습니다.

대통령 취임 선서

"나는 헌법을 준수하고 국가를 보위하며 조국의 평화적 통일과 국민의 자유와 복리의 증진 및 민족문화의 창달에 노력하여 대통령으로서의 직책을 성실히 수행할 것을 국민 앞에 엄숙히 선서합니다."

2025년 6월 5일
대통령 이재명

대통령 주요 공약

1. 세계를 선도하는 경제 강국을 만들겠습니다.

□ 목표
○ AI 등 신산업 집중육성을 통해 새로운 성장기반 구축
○ K-콘텐츠 지원강화로 글로벌 빅5 문화강국 실현

□ 이행방법
○ 인공지능 대전환(AX)을 통해 AI 3강으로 도약
 - AI 예산 비중 선진국 수준 이상 증액과 민간 투자 100조원 시대 개막
 - AI 데이터센터 건설을 통한 'AI 고속도로' 구축 및 국가 혁신거점 육성
 - 고성능 GPU 5만개 이상 확보와 국가 AI데이터 집적

클러스터 조성
  - '모두의 AI' 프로젝트 추진 및 규제 특례를 통한 AI 융복합 산업 활성화
  - AI 시대를 주도할 미래인재 양성 교육 강화
  ㅇ 대한민국의 미래성장을 위한 글로벌 소프트파워 Big5 문화강국을 실현
  - K컬쳐 글로벌 브랜드화를 통한 K-이니셔티브 실현 및 문화수출 50조원 달성
  - K-콘텐츠 창작 전 과정에 대한 국가 지원 강화 및 OTT 등 K-컬처 플랫폼 육성
  - 문화예술인의 촘촘한 복지 환경 구축 및 창작권 보장
  ㅇ K-방산을 국가대표산업으로 육성
  - K방산 수출 증대를 위한 컨트롤타워 신설 및 방위사업청 역량 강화
  - 국방 AI 등 R&D 국가 투자 확대 및 방산수출기업 R&D 세제 지원 추진
  ㅇ 국가첨단전략산업에 대한 대규모 집중투자방안 마련
  - 국민·기업·정부·연기금 등 모든 경제주체들이 참여할 수 있는 국민펀드 조성
  - 일반국민·기업의 투자금에 대해 소득세·법인세 감면 등 과감한 세제혜택 부여

- 산업생태계 뒷받침을 위한 기금을 설치하여 맞춤형 자금공급 지원
 ㅇ 안정적 R&D 예산 확대 및 국가연구개발 지속성 담보
 - 정부 R&D성과가 전체 산업으로 확산되는 혁신성장 체계 구축
 - 기초 원천분야 R&D의 안정적 투자
 - 혁신성장을 견인할 미래형 창의인재 양성
 ㅇ 벤처투자시장 육성으로 글로벌 4대 벤처강국 실현
 - 모태펀드 예산 및 벤처·스타트업 R&D 예산 대폭 확대
 - M&A 촉진 등을 통한 벤처투자의 회수시장 활성화
 - 지역여건을 고려한 스타트업파크 조성, 대학·지식산업센터 등 지역거점으로 육성
 ㅇ 스마트 데이터농업 확산, 푸드테크·그린바이오 산업 육성, K-푸드 수출 확대, R&D강화, 농생명용지 조기개발로 농업을 미래농산업으로 전환·육성

 □ 이행기간
 ㅇ 법률 제·개정 사항은 2025년 6월부터 준비하여 단계적으로 추진
 ㅇ 재정사업은 2025년 추경과 2026년도 예산 수립부터

단계적으로 추진

　□ 재원조달방안 등
　ㅇ 정부재정 지출구조 조정분, 2025~2030 연간 총수입 증가분(전망) 등으로 충당

2. 내란극복과 K-민주주의 위상 회복으로 민주주의 강국을 만들겠습니다.

　□ 목표
　ㅇ 내란극복
　ㅇ 국민통합
　ㅇ 민주주의 회복

　□ 이행방법
　ㅇ 대통령 계엄권한에 대한 민주적 통제 강화
　- 계엄선포시 국회의 계엄해제권 행사에 대한 제도적 보장 강화
　ㅇ 정치보복 관행 근절 등 국민통합 추진
　ㅇ 직접민주주의 강화 등을 통한 책임정치 구현
　- 국회의원에 대한 국민소환제 도입
　ㅇ 국민에 봉사하는 군으로 체질 개선

- 국방문민화 및 군정보기관 개혁
  - 3군 참모총장에 대한 인사청문회 도입 및 각 군 이기주의 극복
  ㅇ 반인권적으로 운영되고 있는 국가인권위원회의 정상화 추진
  - 인권위원장 등 선출시 국민적 후보추천위원회 구성
  - 인권위원장과 인권위원의 의무 및 징계규칙 신설
  ㅇ 감사원의 정치적 중립성 및 독립성 강화
  - 감사개시, 고발여부 결정시 감사위원회 의결 필수화
  - 감사원 내부를 감찰하는 감찰관에 감사원 외부인사 임명 의무화
  ㅇ 검찰 개혁 완성
  - 수사·기소 분리 및 기소권 남용에 대한 사법통제 강화
  - 검사 징계 파면 제도 도입
  ㅇ 사법 개혁 완수
  - 온라인재판 제도 도입, 대법관 정원 확대 등 신속한 재판받을 권리 실질적 보장
  - 국민참여재판 확대 등 국민의 사법참여 확대
  - 판결문 공개 범위 확대 등 국민의 사법서비스 접근성 제고
  ㅇ 반부패 개혁으로 청렴한 공직문화 조성

- 공직자 이해충돌방지 제도 강화
  - 고위공직자의 부동산·주식 등 거래내역신고제 도입
  ㅇ 주요 공공기관 기관장 등의 임기를 대통령 임기와 일치시켜 공공기관 경영 및 정책 추진의 일관성과 책임성 강화
  ㅇ 민생·인권친화적 제도 개선
  - 국선변호인 조력 범위의 단계적 확대
  - 한국형 디스커버리제도(증거개시제도) 도입, 피해자 진술권 강화 등 사법절차 공정성 확대
  ㅇ 변호사의 공공성 강화
  - 별도 위원회에 변호사 징계권한 부여 및 변호사 비밀유지권 법제화
  ㅇ 방송통신위원회의 정파성 극복을 위한 방송영상미디어 관련 법제 정비
  ㅇ 방송의 공공성 회복과 공적책무 이행으로 국민의 방송 실현
  - 공영방송의 정치적 독립성 보장을 위한 법계 정비
  - 방송의 보도·제작·편성의 자율성 보장
  ㅇ 건강하고 신뢰할 수 있는 미디어 이용환경 조성
  - 반헌법적·반사회적 콘텐츠에 대한 플랫폼 책임성 강화
  - 방송통신심의위원회의 독립성 및 정치적 중립성 강화

○ 제3기 진실화해위원회의 신속 출범
○ 학교 역사교육 강화 및 역사연구기관 운영의 정상화

□ 이행기간
○ 법률 제·개정 사항은 2025년 6월부터 준비하여 단계적으로 추진
○ 재정사업은 2025년 추경과 2026년도 예산 수립부터 단계적으로 추진

□ 재원조달방안 등
○ 정부재정 지출구조 조정분, 2025~2030 연간 총수입 증가분(전망) 등으로 충당

3. 가계·소상공인의 활력을 증진하고, 공정경제를 실현하겠습니다.

□ 목표
○ 가계와 소상공인의 활력을 제고
○ 공정한 경제구조 실현
□ 이행방법
○ 코로나 정책자금 대출에 대한 채무조정부터 탕감까지 종합방안 마련

ㅇ 12.3 비상계엄으로 인한 피해 소상공인 지원방안 마련
ㅇ 소상공인 금융과 경영부담 완화
- 저금리 대환대출 등 정책자금 확대 및 키오스크 등 각종 수수료 부담 완화
- 건물관리비 내역 공개로 임대료 꼼수 인상 방지
- 디지털 전환 적극 추진 및 글로벌 소상공인 집중 육성
ㅇ 소비촉진으로 소상공인·자영업자 활기 도모
- 지역사랑상품권 및 온누리상품권 발행 규모 확대
- 지역별 대표상권 및 소규모 골목상권 육성을 통한 상권르네상스 2.0 추진
ㅇ 공정하고 지속가능하며 실패해도 재기할 수 있는 소상공인 경제 구축
- '소상공인 내일채움공제' 도입으로 목돈 마련 기회 제공
- 폐업지원금 현실화 및 폐업시 대출금 일시상환 유예 요건 완화
ㅇ 소상공인·자영업자 사회안전망 확대
- 경찰청 연계 안심콜 의무화로 여성 소상공인 안전 강화
- 소상공인·자영업자 육아휴직수당 확대
- 자영업자의 '아프면 쉴 권리'를 위한 상병수당 확대
ㅇ 가맹점주·대리점주·수탁사업자·온라인플랫폼 입점사업자 등 협상력 강화

ㅇ 플랫폼 중개수수료율 차별금지 및 수수료 상한제 도입으로 공정한 배달문화 구축
　ㅇ 대환대출 활성화 및 중도상환수수료 단계적 감면 등 대출상환 부담 완화
　ㅇ 취약계층에 대한 중금리대출 전문 인터넷은행 추진
　ㅇ 가산금리 산정 시 법적비용의 금융소비자 부당전가 방지로 원리금상환부담 경감
　ㅇ 채무자 중심의 보호체계 구축 및 사각지대 해소
　- 장기소액연체채권 소각 등을 위한 배드뱅크 설치
　- 특별감면제·상환유예제 등 청산형 채무조정 적용 확대
　ㅇ 고품질 공공임대주택 및 공공임대 비율 단계적 확대
　ㅇ 전세사기 걱정 없는 사회, 부담없는 전월세로 서민의 주거사다리 복원
　- 전세사기 걱정 없고 임차인에게 책임이 전가되지 않는 보증제도 개선
　- 월세 세액공제 대상자 및 대상주택 범위 확대 등 월세 부담 완화
　ㅇ 주식시장 수급여건 개선 및 유동성 확충
　- 상장기업 특성에 따른 주식시장 재편 및 주주환원 강화
　- 외국인 투자자 유입 확대를 위한 제도 정비 및 MSCI 선

진국지수 편입 적극 추진
　○ 디지털자산 생태계 정비를 통한 산업육성기반 마련
　○ 중소기업협동조합 등 단체협상권 부여로 제값받는 공정한 경제 창출
　○ 중소기업 복지플랫폼 예산 확대 및 중소기업 상생금융지수 도입 추진
　○ 한국형 디스커버리제도 도입 등 기술탈취 행위 강력 근절
　○ 상법상 주주충실 의무 도입 등 기업지배구조 개선 통한 일반주주의 권익 보호
　○ 자본·손익거래 등을 악용한 지배주주의 사익편취 행위 근절
　○ 먹튀·시세조종 근절로 공정한 시장질서 창출

　□ 이행기간
　○ 법률 제·개정 사항은 2025년 6월부터 준비하여 단계적으로 추진
　○ 재정사업은 2025년 추경과 2026년도 예산 수립부터 단계적으로 추진

　□ 재원조달방안 등

ㅇ 정부재정 지출구조 조정분, 2025~2030 연간 총수입 증가분(전망) 등으로 충당

4. 세계질서 변화에 실용적으로 대처하는 외교안보 강국을 만들겠습니다.

□ 목 표
ㅇ 튼튼한 경제안보 구축
ㅇ 지속가능한 한반도 평화 실현

□ 이행방법
ㅇ 국제적 통상환경 변화에 적극 대응하는 경제외교 추진
- G20, G7 등을 통한 글로벌 현안 적극 참여
- 성공적인 2025 경주 APEC 개최를 통한 외교역량 강화 및 국제위상 제고
- 경제안보 증진을 위한 주요국과의 연대 강화
ㅇ 우리의 외교영역을 확대하고 다변화
- 신아시아 전략 및 글로벌사우스 협력 추진
- 통상·공급망·방산·인프라 등 분야에 있어 EU 및 유럽과의 실질협력 강화
ㅇ 통상환경 변화 대응을 위한 무역구조 혁신
- 국익을 최우선할 수 있도록 산업경쟁력 제고 및 전략

적 통상정책 추진
 - 수출시장·품목 다변화 추진 및 기후위기발 글로벌 환경무역 대응역량 강화
 - 핵심소재·연료광물의 공급망 안정화를 위한 통상협력 강화
  ○ 국익과 실용의 기반 하에 주변 4국과의 외교관계 발전
  ○ 북한 핵 위협의 단계적 감축 및 비핵·평화체제를 향한 실질적 진전 달성
  ○ 한반도 군사적 긴장 완화, 평화 분위기 조성
 - 한반도 비핵화 목표 아래 남북관계 복원 및 화해·협력으로의 전환 추진
 - 우발적 충돌방지 및 군사적 긴장완화, 신뢰구축 조치 추진
  ○ 굳건한 한미동맹에 기반한 전방위적 억제능력 확보
 - 한국형 탄도미사일 성능 고도화 및 한국형 미사일방어체계 고도화
 - 한미동맹 기반 하 전시작전권 환수 추진
  ○ 국제사회에서의 공헌과 국격에 걸맞은 외교 추진
 - UN 등 국제기구에서의 적극적 역할 확대, 글로벌 기후위기 대응외교 강화

- 국제개발협력 및 적극적 공공외교 추진
  ㅇ 이산가족 상봉 등 남북 인도주의협력, 교류협력 모색·추진
  ㅇ 재외국민에 대한 적극적인 지원을 통한 권익과 안전 보호
  ㅇ 주력 제조업 경쟁력 강화를 위한 '전략산업 국내생산촉진세제' 도입
  ㅇ 수출산업 보호를 위한 무역안보 단속체계 확립
  - 국산 둔갑 우회수출, 국가 핵심기술 유출 단속 강화
  - 공급망 위기를 선제적으로 포착할 수 있는 공급망 조기경보시스템 고도화
  ㅇ 전략물자 국적선박 확보를 통한 물류 안보 실현
  ㅇ 식량안보 차원에서 쌀 등 주요농산물의 안정적 공급기반 구축
  ㅇ 어업협정 이행 강화 및 '불법 중국어선 강력 대응'을 통한 해양 주권 수호
  □ 이행기간
  ㅇ 법률 제·개정 사항은 2025년 6월부터 준비하여 단계적으로 추진
  ㅇ 재정사업은 2025년 추경과 2026년도 예산 수립부터 단계적으로 추진

□ 재원조달방안 등
ㅇ 정부재정 지출구조 조정분, 2025~2030 연간 총수입 증가분(전망) 등으로 충당

5. 국민의 생명과 안전을 지키는 나라를 만들겠습니다.

□ 목표
ㅇ 국민 생활안전 및 재난 대응 강화
ㅇ 의료 대란 해결 및 의료 개혁 추진

□ 이행방법
ㅇ 범죄로부터 안전한 사회 구축
- 흉악범죄・묻지마범죄(이상동기범죄) 예방을 위해 범죄경력자 관리 감독 강화
- 교제폭력 범죄 처벌 강화 및 피해자 보호명령제도 도입
- 청소년 범죄 대응체계 강화
ㅇ 민생침해 금융범죄 처벌 및 금융소비자 보호를 위한 제도 개선 추진
- 민생파괴 금융범죄에 대한 처벌 대폭 강화
- 보이스피싱・다중사기범죄 등 서민 다중피해범죄에 대한 범죄이익 몰수
- 금융사고 책임자 엄정처벌 및 금융보안 의무위반 징벌

적 과징금 부과
　ㅇ 사회적 재난에 대한 신속하고 효율적인 대응체계 구축
　- 재난현장지휘권 강화로 대규모 재난 신속대응 및 부처별 협업체계 구축
　- 사회재난 발생 시 사고조사위원회 즉시 설치
　- 재난안전 산업 육성 및 소방·화재 안전 장비 확충
　- 산불·호우·땅꺼짐 사고를 포함한 통합 기후재난 예측·감시시스템 도입
　- 생명안전기본법 제정 추진
　ㅇ 교통사고 예방과 건설안전 환경조성으로 생활안전체계 강화
　- 보행자 안전 우선의 교통체계 구축으로 교통취약계층 우선보호
　- 오토바이 전후방 번호판제 도입 및 고령운전자 운전안전 대책 마련
　- 전기차 배터리 인증제 활성화 및 전기차 화재예방·진압장비 도입 확대
　- 공유형 전동킥보드 안전관리 강화 및 효율적 이용을 위한 관련법 제정
　- 항공사고 예방을 위한 항공사·공항시설 안전관련 투자·정비 점검 강화

- 건설공사 발주·설계·시공·감리 등 전 과정에 대한 안전대책 강화
 ○ 지역·필수·공공의료 강화로 제대로 치료받을 권리 확보
 - 필수의료에 대한 충분한 보상체계 확립 및 의료사고에 대한 국가책임 강화
 - 지역의사·지역의대·공공의료사관학교 신설로 지역·필수·공공의료 인력 확보
 - 진료권 중심 공공의료 인프라 확충 및 국립대병원 거점병원 역할 강화
 - 응급환자 신속 이송-수용-전원체계로 응급실 뺑뺑이 문제 해결
 - 진료권 중심 응급의료체계와 중증-응급 24시간 전문의 대응체계 확립
 - 주치의 중심 맞춤형 일차 의료체계 구축 및 방문·재택 진료 확대
 - 의료의 질과 안전성을 고려한 비대면 진료 제도화
 - 필수의약품 수급불안 해소와 감염병 위기 대응 인프라 구축
 ○ 국민참여 의료개혁으로 의료대란 해결, 건강보험의 지속가능성 확보

- '국민참여형 의료개혁 공론화위원회'로 국민이 원하는 진짜 의료개혁 추진
 - 보건의료 전문직역들의 상호협력체계 강화 및 적정인력 확보
 - 건강보험에 대한 안정적인 국고지원 및 수가보상체계의 합리적 개편
 - 대상별·질환별 특성 고려한 보장성 확대로 의료비 절감과 질병 예방
 - 희귀·난치 질환 부담 완화와 소아비만·소아당뇨에 대한 국가책임 강화

 □ 이행기간
 ○ 법률 제·개정 사항은 2025년 6월부터 준비하여 단계적으로 추진
 ○ 재정사업은 2025년 추경과 2026년도 예산 수립부터 단계적으로 추진
 ○ 건강보험 관련 사항은 사회적 논의 통해 건보재정 계획 마련
 □ 재원조달방안 등
 ○ 정부재정 지출구조 조정분, 2025~2030 연간 총수입 증가분(전망) 등으로 충당. 건강보험 재정 관련 사항은 별

도 논의 필요

6. 세종 행정수도와 '5극 3특' 추진으로 국토균형발전을 이루겠습니다.

□ 목표
○ 세종 행정수도 완성
○ 5극(5대 초광역권: 수도권, 동남권, 대경권, 중부권, 호남권), 3특(3대 특별자치도(제주,강원,전북)) 추진

□ 이행방법
○ 세종 행정수도 완성 추진
- 국회 세종의사당과 대통령 세종 집무실 임기 내 건립
○ 이전 공공기관 정주여건 개선 및 제2차 공공기관 지방이전 추진
○ 5극, 3특 중심 균형발전 기반 마련
- 5대 초광역권(수도권, 동남권, 대경권, 중부권, 호남권)별 특별지방자치단체 구성 및 권역별 광역급행철도 건설
- 3대 특별자치도(제주, 강원, 전북)의 자치권한 및 경쟁력 강화 위한 특별법 개정
○ 자치분권 강화와 지방재정 확충
- 균형발전을 위한 국가자치분권회의 신설 추진

- 지방교부세 확대, 자체세원 발굴 등으로 지방재정 확충
　ㅇ 지역소멸을 방지하기 위한 지역 주도 행정체계 개편 추진
　- 행정체계 개편을 위한 범부처 통합 TF구성 및 로드맵 마련
　- 주민의사를 반영한 지자체 통합방안 마련
　ㅇ 지역대표 전략산업 육성과 지역투자 촉진으로 지역경제 활력 촉진
　- 혁신도시ㆍ경제자유구역ㆍ국가/지방산단 연계한 경쟁력 있는 지역대표 전략산업 육성
　- 위기산업 구조개혁으로 지역균형 발전 추진 및 지역산업 생태계 안정 도모
　ㅇ 수도권 중심의 대학 서열화 완화를 통한 국가 균형발전 달성
　- '서울대 10개 만들기'로 지역 거점국립대에 대한 전략적 투자와 체계적 육성 추진
　- 지역과 함께 성장하고 국립대-사립대가 동반성장하는 RISE 체계 구축
　ㅇ 지역사랑상품권 발행 의무화를 통해 지역경제를 살리고 균형발전 달성
　ㅇ '잘사니즘'의 실현, 관광산업으로 지역경제 활성화

- 국민휴가 지원 3종 세트(근로자 휴가지원제, 지역사랑 휴가지원제, 숏컷 여행)를 통해 근로자 휴가지원제도를 대폭 확대해 지역관광 활성화
 - 지자체·기업 매칭의 워케이션 관광 활성화 및 지역특화 관광자원 개발
 ○ 사람이 돌아오는 지속가능한 농산어촌
 - 주거여건 개선, 빈집 정비, 세컨드 하우스 확산 및 귀농·귀촌 지원 강화
 - 신규인력 진입지원 확대 통해 미래 청년농업·어업·임업 인재 육성
 ○ 철도지하화 대상 구간 차질없는 추진 위한 종합계획 수립 및 단계적 시행
 ○ 지역·중소방송사의 지역밀착형 콘텐츠 제작 지원 및 확대 등 활성화 적극 지원
 ○ 재난현장 일선에서 희생하는 이·통장 특별활동비 신설

 □ 이행기간
 ○ 법률 제·개정 사항은 2025년 6월부터 준비하여 단계적으로 추진
 ○ 재정사업은 2025년 추경과 2026년도 예산 수립부터 단계적으로 추진

▫ 재원조달방안 등
ㅇ 정부재정 지출구조 조정분, 2025~2030 연간 총수입 증가분(전망) 등으로 충당

7. 노동이 존중받고 모든 사람의 권리가 보장되는 사회를 만들겠습니다.

▫ 목표
ㅇ 노동 존중, 일하는 사람들의 권리 존중 사회 실현
▫ 이행방법
ㅇ 자영업자, 특수고용 및 플랫폼 노동자 등 일하는 모든 사람들의 일터 권리 보장, 일한 만큼 보상받는 공정한 노동환경 조성
 - 일하는 사람 권리 보장을 위한 법제도 개선, 미조직 취약계층 이해 대변 강화
 - 「노동조합법」 2·3조 개정으로 하청노동자 등의 교섭권 보장
ㅇ 포괄임금제 금지 등 「근로기준법」에 명문화
ㅇ 동일노동 동일임금 기준지표 마련을 위한 임금분포제 도입
ㅇ 산업·업종·지역단위 단체교섭협약 활성화로 저임금노동자들의 기본 노동조건 보장

- 국가·지자체, 공공기관 등 공공부문이 모범적 사용자로서 노동관계법 준수 및 산업·업종 단체교섭협약모델 구축 추진
 ㅇ 직장 내 민주주의, 노사자율 강화 실현
 - 근로자(노동자)의 과반수를 대표하는 근로자(노동자) 대표의 선출·임기·역할·법적 보호 등 제도적 기반 마련
 ㅇ '업무상 재해위험이 높은 자영업자'까지 산재보험 제도 도입
 ㅇ '일하다 다치거나 죽지 않게' 노동안전보건체계 구축
 - 하청노동자 보호를 위한 원·하청 통합 안전보건관리체계 구축
 ㅇ 일하는 여성이 일하기 좋은 사회 조성
 - 고용평등 임금공시제 도입 및 공공기관 성별 평등지표 적극 반영
 ㅇ 주4.5일 도입·확산 등으로 2030년까지 OECD 평균 이하로 노동시간 감축
 - 범정부 차원 주 4.5일제 실시 지원 및 실노동시간 단축 로드맵 제시
 ㅇ 공무원 처우개선 및 공직문화 개선
 - 저연차 공무원의 보수 지속적 인상, 경찰·소방·재난

담당 공무원 위험근무수당 인상
 - '간부 모시는 날', 불합리한 업무 지시 등 잘못된 공직 관행 혁신
  ㅇ 문화예술인 창작권 보장을 위한 권리 강화 및 정부의 문화예술인 창작권 침해 금지
  ㅇ 권리보장 강화로 장애인 사회참여 실현
 - 체계적 장애인 권리보장 기반 마련을 위한 '장애인권리보장법' 제정
 - 장애인 등 교통약자를 위한 교통수단 확대 및 단계적 발전 계획 마련 등

 □ 이행기간
  ㅇ 법률 등 제·개정 사항은 2025년 6월부터 준비하여 단계적 추진
  ㅇ 재정사업은 2025년 제2회추경안, 2026년도 예산안 편성부터 단계적 추진

 □ 재원조달방안 등
  ㅇ 정부재정 지출구조 조정분, 2025~2030 연간 총수입 증가분(전망) 등으로 충당

8. 생활안정으로 아동·청년·어르신 등 모두가 잘사는 나라를 만들겠습니다.

□ 목표
○ 생활안정과 생활비절감 추진
○ 빈틈없이 기본이 보장되는 사회 추진
□ 이행방법
○ 생애주기별 소득보장체계 구축
- 아동수당 지급 대상을 18세까지 점진적 상향
- 일하는 모든 취업자로 육아휴직 단계적 확대
- 국민연금 사각지대 해소 및 연금개혁 지속 추진
○ 온 사회가 다 같이 돌보는 돌봄기본사회 추진
- 영유아 교육·보육비 지원 확대 및 온동네 초등돌봄체계 구축
- 간병비 부담완화와 간호·간병 통합병동 확대 추진
- 지속 가능한 지역사회 통합 돌봄체계 구축
○ 근로장려금(EITC)과 자녀장려금(CTC)의 대상 및 지급액 확대
○ 주거·통신 등 필수적인 생활비 부담 절감
- 월세 세액공제 대상자·대상주택 확대 및 통신비 세액공제 신설
○ 청년·국민·어르신 패스 3종 도입으로 국민 교통비

절감
  ㅇ 국가책임 공교육으로 사교육비 부담 경감
  - 기초학력 학습안전망 지원 확대 및 자기주도학습센터 운영
  ㅇ 대학생 등록금 부담 완화 및 청년주거 환경 개선
  ㅇ 생애주기 문화패스 신설·확대 등 국민 문화향유권 확대
  ㅇ 선진국형 농가소득 및 농업재해안전망 도입
  - 농산물 가격 안정적 관리 및 농어업재해 국가책임 강화
  - 양곡관리법 개정 등을 통한 쌀값 정상화 및 공익직불금 확대
  - 농업인 퇴직연금제 도입 및 농지이양 은퇴직불금·공공비축농지 확대
  ㅇ 어민 소득증대 통한 어촌소멸 대응
  - 탄소중립 활동 참여 어촌마을 안정적인 소득기반 마련
  - 수산식품기업바우처 수산선도조직 육성사업 지원 확대
  ㅇ 국가유공자 예우 강화 및 보훈문화 확산
  - 저소득 보훈대상자에 대한 지원체계 강화 및 사각지대 없는 보훈의료체계 구축
  - 조국 수호를 위해 희생한 시간에 대한 정당한 보상

ㅇ 문화예술인 사회보험보장 확대 및 복합지원공간 확충
ㅇ 청년의 기회와 복지 확대
- '청년미래적금' 도입 등 청년자산형성 지원
- 취업 후 상환 학자금 대출 소득요건 완화, 의무상환 전 이자면제 대상 확대
- 군복무 경력 호봉 반영, 구직활동지원금 확대 등 청년의 일할 권리와 기회강화
- 청년 맞춤형 공공분양 및 월세지원 확대 등 청년 주거지원 강화
- 국민연금 군복무 크레딧 확대 등 청년생활안전망 구축
- 글로벌 기업이 운영 중인 '채용연계형 직업교육 프로그램' 확산·지원
ㅇ 1인가구·청년을 위한 정책 확대
- 직장과 주거시설이 근접한 주거복합플랫폼주택 조성 및 맞춤형 주거설계지원 사업 추진
ㅇ 한부모가족의 복지급여 확대 등 안정적인 생활환경 지원 강화
ㅇ 서민들의 편의를 위한 교통물류 환경 개선
- 교통물류환경종사자 근로여건 개선방안 마련
- 생활물류, 고속철도, 항공 등 국민편익 향상 방안 마련
ㅇ 청년·근로자 천원의 아침밥 및 농식품바우처 확대

등 먹거리 돌봄 강화
  ㅇ 사람과 동물이 더불어 행복한 사회 조성
  - 반려동물 양육비 부담 완화 및 의료 서비스 강화
  - 동물 학대자의 동물 소유권 및 사육권 제한

  □ 이행기간
  ㅇ 법률 제·개정 사항은 2025년 6월부터 준비하여 단계적으로 추진
  ㅇ 재정사업은 2025년 추경과 2026년도 예산 수립부터 단계적으로 추진

  □ 재원조달방안 등
  ㅇ 정부재정 지출구조 조정분, 2025~2030 연간 총수입 증가분(전망) 등으로 충당

9. 저출생·고령화 위기를 극복하고 아이부터 어르신까지 함께 돌보는 국가를 만들겠습니다.

  □ 목표
  ㅇ 저출생·고령화 해소 및 돌봄체계 구축

  □ 이행방법

ㅇ 저출생 대책 혁신 및 자녀양육 지원 확대
 - 자녀 수에 비례한 신용카드 소득공제율·공제 한도 상향 추진
 - 초등학생 예체능학원·체육시설 이용료를 교육비 세액공제 대상에 추가
 - '우리아이자립펀드' 단계적 도입 및 신혼부부 결혼출산지원 확대
 - 신혼부부 공공임대주택 공급 확대
 - 난임부부 치료지원 강화
ㅇ 아이 키우기 좋은 나라를 위한 돌봄·교육 일·가정 양립 지원 강화
 - 공공 아이돌봄 서비스 지원 강화
 - 지자체 협력형 초등돌봄 추진
 - 초등학교 방과후학교 수업료 지원 확대
 - 교육·보육의 질을 높이는 정부 책임형 우보 통합 추진
ㅇ 발달장애인 24시간 돌봄 등 장애인 맞춤형 지역돌봄 체계 구축
ㅇ 생애주기별 외로움(고독) 대응 정책 개발·추진
ㅇ 고령사회 대응을 위한 통합적 지원체계 마련
 - 치매·장애 등으로 재산 관리가 어려운 노인을 위한

공공신탁제도 도입
 - 어르신 주거 문제 해결을 위한 고령자 친화 주택·은퇴자 도시 조성
 - 간호·간병 통합서비스 확대 및 요양병원 간병비 건강보험 적용
 - 노인 등이 집에서 의료·돌봄서비스를 받는 지역사회 통합 돌봄체계 구축
  ○ 지속 가능한 노후 소득 보장 체계 구축
 - 국민연금 수급 연령에 맞춘 정년 연장, 사회적 합의를 통해 단계적 추진
 - 주택연금 제도개선 등을 통해 노후 소득 보장을 위한 지원강화

 □ 이행기간
  ○ 법률 제·개정 사항은 2025년 6월부터 준비하여 단계적으로 추진
  ○ 재정사업은 2025년 추경과 2026년도 예산 수립부터 단계적으로 추진

 □ 재원조달방안 등
  ○ 정부재정 지출구조 조정분, 2025~2030 연간 총수입

증가분(전망) 등으로 충당

10. 미래세대를 위해 기후위기에 적극 대응하겠습니다.

□ 목 표
○ 기후위기 대응 및 산업구조의 탈탄소 전환

□ 이행방법
○ 선진국으로서의 책임에 걸맞는 온실가스 감축목표 수립
- 2030년 온실가스 감축 목표 달성 추진과 과학적 근거에 따른 2035년 이후 감축 로드맵 수립
- 헌법불합치 결정 취지를 감안하여 책임있는 중간목표를 담은 탄소중립기본법 개정
- 2028년 제33차 기후변화협약 당사국총회(COP33) 유치
○ 재생에너지 중심의 에너지전환 가속화
- 2040년까지 석탄화력발전 폐쇄
- 햇빛·바람 연금 확대, 농가태양광 설치로 주민소득 증대 및 에너지 자립 실현
- 태양광 이격거리 규제 및 재생에너지 직접구매(PPA) 개선

ㅇ 경제성장의 대동맥, 에너지고속도로 구축
- 2030년까지 서해안, 2040년까지 한반도 에너지고속도로 건설 추진
- 분산형 재생에너지 발전원을 효율적으로 연결·운영하는 '지능형 전력망' 구축
- '에너지산업 육성'및 공급망 내재화를 통한 차세대 성장동력 마련

ㅇ 탄소중립 산업전환으로 경제와 환경의 조화로운 발전 도모
- 태양광·풍력·전기차·배터리·수전해·히트펌프 등 탄소중립산업의 국산화 및 수출경쟁력 제고
- RE100 산업단지 조성으로 수출기업의 기후통상 대응역량 지원
- 철강·석유화학·시멘트 등 탄소다배출 업종의 저탄소 공정 및 기술혁신 지속 추진, 기업 탈탄소 전환 지원책 마련
- 기후테크 R&D 예산 확대, 탄소중립 신산업·신기술 발굴로 탄소중립 역량 강화

ㅇ 건축물·열 부문 탈탄소화
- 민간·공공 그린리모델링 지원 확대 및 절차 간소화를 통한 노후건물 에너지효율화

ㅇ 전기차 보급 확대 및 노후경유차 조기 대·폐차 지원을 통한 수송부문 탈탄소 가속화

ㅇ 영농형태양광 적극 보급, 친환경유기농업 확대 및 지속가능한 축산업으로 농업 탄소 배출량 저감 추진

ㅇ 탈플라스틱 국가 로드맵 수립 및 바이오플라스틱 산업 육성 지원

ㅇ 한반도 생물 다양성 복원

- 산불 발생 지역 생물다양성 복원 추진
- 육지와 해양의 생물다양성보호구역 단계적 확대

ㅇ 4대강 재자연화(Rewilding)와 수질개선 추진

ㅇ 탄소포인트제 등 국민의 탄소 감축 실천에 대한 인센티브 강화

ㅇ 정의로운 전환을 위한 실현 방안 마련

- 배출권거래제 유상할당 비중 확대 등 기후대응기금 확충
- 정의로운 전환 특구 지정 및 고용전환과 신산업 역량 개발 지원

ㅇ 2028년 제4차 UN해양총회 유치

□ 이행기간

ㅇ 법률 제·개정 사항은 2025년 6월부터 준비하여 단

계적으로 추진
  ㅇ 재정사업은 2025년 추경과 2026년도 예산 수립부터 단계적으로 추진

  □ 재원조달방안 등
  ㅇ 정부재정 지출구조 조정분, 2025~2030 연간 총수입 증가분(전망) 등으로 충당

후보자 정보 공개자료

1. 인적사항

기호	소속정당명	후보자 성명	성별	생년월일 (세)	직업	학력	경력
1	더불어민주당	이재명	남	1964.12.22 (만 60세)	국회 의원	중앙대학교 법과대학 법학과 졸업	(전)경기도지사 (전)더불어민주당 당대표

2. 재산상황 및 병역사항

재산상황(천원)					병역사항		
계	후보자	배우자	직계존속	직계비속	후보자	배우자	18세이상 직계비속
3,089,143	1,789,925	1,241,400	-	장남 3,934 차남 53,884	5급 전시근로역 (질병·골절후유증)	해당 없음	장남 : 공군병장 (만기전역) 차남 : 공군병장 (만기전역)

3. 세금납부·체납실적 및 전과기록

최근 5년간 소득세 · 재산세 · 종합부동산세 납부 및 체납실적(천원)				후보자 전과기록
구분	납세액	체납내역		
		체납액 누계 (완납일자)	현 체납액	
계	87,430	244 (2023.12.27)	없음	• 무고 공무원자격사칭 벌금 150만원(2003.07.01) • 도로교통법위반(음주운전) 벌금 150만원(2004.07.28) • 공용물건손상 특수공무집행방해 벌금 500만원(2004.08.26)
후보자	78,315	-	없음	
배우자	8,243	-	없음	
직계존속	-	-	-	
직계비속	872	244 (2023.12.27)	없음	

4. 소명서

- 무고 등 : 시민운동가로서 공익을 위해 분당 파크뷰 특혜 분양 사건 진상규명과 고발 과정에서 발생.
- 특수공무집행방해 등 : 시민 1만여 명이 발의한 성남시립병원 설립 조례를 다루는 성남시의회가
  47초 만에 폐회하자, 시민들과 함께 항의한 사건이며 ㅇ˚ 운동의 공동대표로서 책임짐

주요 경력 및 업적

약력 -

1976. 2. 삼계국민학교 졸업

1978. 8. 중학교 졸업 학력 검정고시 합격

1980. 4. 고등학교 졸업 학력 검정고시 합격

1986. 2. 중앙대학교 법과대학 졸업, 법학 학사 (82학번)

1986. 7. 제28회 사법시험 합격[16]

1987. 11. 대구지방검찰청 안동지청 검사시보

1989. 사법연수원 18기 수료

1989. 5. 민주사회를 위한 변호사모임 국제연대위원

2003. ~ 2004. 성남참여연대 집행위원장

2004. 성남시립병원설립추진위원회 공동대표

2004. 국가청렴위원회 성남부정부패신고센터 소장

2006. 5. 열린우리당 경기도 성남시장 제4회 전국동시지방선거 후보 (낙선)

2007. 정동영과 통하는 사람들 공동대표

2007. 대통합민주신당 부대변인

2007. 대통합민주신당 선거대책위원회 비서실 수석부 실장

2008. 3. 통합민주당 경기 성남시 분당구 갑 제18대 국회의원 선거 후보 (낙선)

2008. 민주당 경기 성남시 분당구 갑 지역위원장

2008. 민주당 부대변인
2010. 7. 1. ~ 2014. 6. 30. 제19대 경기도 성남시장 (초선 / 민선 5기 / 민주당)
2012. 6. 민주통합당 기초자치단체장협의회 의장
2014. 7. 1. ~ 2018. 3. 15. 제20대 경기도 성남시장 (재선 / 민선 6기 / 새정치민주연합)
2016. 세계자유민주연맹 자유장
2017. 3. 14. ~ 2017. 4. 3. 제19대 대통령 선거 더불어민주당 경선 후보 (경선 3위)
2018. 7. 1. ~ 2021. 10. 25. 제35대 경기도지사 (초선 / 민선 7기 / 더불어민주당)
2019. 제14대 전국시도지사협의회 부회장
2020. 한국상하수도협회 부회장
2021. 7. 12. ~ 2021. 10. 10. 제20대 대통령 선거 더불어민주당 경선 후보 (경선 1위)
2021. 10. 10. ~ 2022. 3. 9. 제20대 대통령 선거 더불어민주당 후보 (낙선 2위)
2022. 3. 10. ~ 8. 28. 더불어민주당 상임고문
2022. 6. 2. ~ 2024. 5. 29. 제21대 국회의원 (초선 / 인천 계양구 을 / 더불어민주당)[17]
2022. 6. 더불어민주당 인천광역시 계양구 을 지역위원장

2022. 7. 제21대 국회 후반기 국방위원회 위원

2022. 8. 28. ~ 2024. 6. 24. 제6대 더불어민주당 대표, 민주연구원 이사장
[당연직]

2024. 5. 30. ~ 2025. 6. 4. 제22대 국회의원 (재선 / 인천광역시 계양구 을 /
더불어민주당)

2024. 8. 18. ~ 2025. 4. 9.[19] 제7대 더불어민주당 대표, 민주연구원 이사
장[당연직]

2025. 4. 15. ~ 2025. 4. 27. 제21대 대통령 선거 더불어민주당 경선 후보
(경선 1위)

2025. 4. 27. ~ 2025. 6. 3. 제21대 대통령 선거 더불어민주당 후보

2025. 6. 4. ~ 제21대 대한민국 대통령

성남시장(2010. 7 – 2018. 3) 주요 업적

복지·보건
- 청년배당 : 만 24세 청년에게 분기당 25 만 원 지역화
  폐 지급(전국 첫 기본소득형 복지)
- 무상교복 : 중·고 신입생 교복구입비 성남시 최초 지원
- 성남시의료원 건립 추진 : 500 병상 공공병원 착공(20년 개원, 코로나
  전담)

교통·도시·주거

- 성남시 채무 "0" : 6,642 억 전액 상환, 판교특별회계 흑자 전환
- 대장동 공영개발 : 공공이익 5,503 억 환수(현재 특혜 의혹 수사 중)
- 제1공단 100 % 공원화 : 개발이익으로 2,561 억 투입
- 위례·백현동·구도심 도시재생 및 행복주택·청년주택 공급

경제·공정
- 생활임금·비정규직 정규직화 선도 : 전국 최고 수준 생활임금, 시 산하 근로자 다수 전환
- 공공건설 원가·계약 전면 공개(성남 첫 시행)

행정혁신
- 공약이행 SA 등급 3연속(매니페스토본부)
- 정보공개 선도 : 시장 직인 사용·업무추진비·회의록 실시간 공개

경기도지사(2018. 7 – 2021. 10) 주요 업적

복지·보건
- 경기청년기본소득 : 24세 도내 청년 연 100 만 원 지역 화폐 지급
- 무상교복 전 도 확대 : 모든 중·고 신입생 교복비 지원
- 산후조리비 50 만 원 : 출산가정 지역화폐 지급

교통·도시·주거
- 경기도 공공버스(노선입찰제) : 71 개 노선·610 대 전환
- 광역 M-버스 좌석예약제·심야버스 24 노선 신설
- 농촌 100 원 택시·경기순환버스 : 도농 교통격차 완화

- GTX·분당선·8호선·수광선 등 광역철도 국가계획 반영 추진

경제·공정
- 지역화폐 발행 4조 돌파 : 구매 10 % 인센티브로 골목 상권 소비 촉진
- 공공배달앱 '배달특급' : 수수료 2 %·가입자 100만 명
- 소상공인 특례보증 6조 원, 경기시장상권진흥원 설립
- 생활임금 전국 최고(2021년 1만 1,141원)
- 공공부문 비정규직 8천여 명 정규직 전환
- 공공건설 원가·계약 전면 공개로 1,200억 절감

환경·안전
- 청정계곡 프로젝트 : 불법시설 1만 1,700여 개 철거, 99 % 복구
- 노후 경유차 11만 대 조기폐차, 전기·수소버스 600대 보급
- 학교·공공 태양광 478곳·시민햇빛발전소 34곳 설치
- 초미세먼지 비상저감 : 공공기관 2부제·사업장 단축 운영

행정혁신
- 공약이행 A·SA 등급(광역단체)
- 온라인 도민청원·청년배심원단 등 직접민주 플랫폼 구축
- 경기도 데이터베이스 공유 포털(66종 빅데이터) 개통
- 공정특별사법경찰단 신설·불법 식품·건폐물 집중 단속
- 시·군 자체감사활동 종합평가제 최초 도입

사랑하고 존경하는
대한국민 여러분

우리가 함께하면,
무질서와 분노, 상처와 절망은 사라지고
새로운 희망이 피어날 것입니다.

우리가 함께 손잡으면,
불의와 거짓, 분열은 멈추고
정의와 통합의 강물이 흘러넘칠 것입니다.

온 국민이 힘을 모아 함께 나아가면,
추락하던 이 나라는 광대한 세계로
날개 치며 솟구쳐 오를 것입니다.

극한의 절망과 환란 속에서조차
빛을 찾아 희망을 만들어온
위대한 우리 국민을 저는 믿습니다.
함께 손잡고 빛의 혁명을 반드시 완수하겠습니다.

-         이재명

2장

부록

역대 대통령 연혁

초대 ~ 3대
이승만
(1948.7~1960.4)

5~9대
박정희
(1962.3~1979.10)

11~12대
전두환
(1980.9~1988.2)

14대
김영삼
(1993.2~1998.2)

1950　1960　1970　1980　1990

4대
윤보선
(1960.8~1962.3)

10대
최규하
(1979.10~1980.8)

13대
노태우
(1988.2~1993.2)

16대	18대	20대
노무현	**박근혜**	**윤석열**
(2003.2~2008.2)	(2013.2~2017.3)	(2022.5~2025.4)

2000 2010 2020

15대
김대중
(1998.2~2003.2)

17대
이명박
(2008.2~2013.2)

19대
문재인
(2017.5~2022.5)

21대
이재명
(2025.6~)

대한민국 역대 대통령 취임사

초대 ~ 3대 이승만 대통령

 여러 번 죽었던 이 몸이 하나님의 은혜와 동포의 애호(愛護)로 지금까지 살아오다가 오늘에 이와 같이 영광스러운 추대(推戴)를 받은 나로서는 일변(一邊) 감격(感激)한 마음과 일변 심당(心當)키 어려운 책임을 지고 두려운 생각을 금하기 어렵습니다. 기쁨이 극(極)하면 우슴으로 변하여 눈물이 된다는 것을 글에서 보고 말을 들었든 것입니다. 요사이 나의 치하(致賀)하는 남여동포가 모다 눈물을 씻으며 고개를 돌립니다. 각처에서 축전 오는 것을 보면 모다 눈물을 금하기 어렵다합니다. 나는 본래 나의 감상으로 남에게 촉감(觸感)될 말을 하지 않기로 매양 힘쓰는 사람입니다. 그러나 목석간담(木石肝膽)이 아닌만치 뼈에 맺히는 눈물을 금하기 어려웁니다. 이것은 다름이 아니라 40년 전에 잃었던 나라를 다시 찾는 것이요 죽었던 민족이 다시 사는 것이 오늘 이에서 표면(表面)되는 까닭입니다.

대통령 선서하는 이 자리에서 하나님과 동포 앞에서 나의 직무를 다하기로 일층(一層) 더 결심하며 맹서합니다. 따라서 여러 동포들도 오늘 한층 더 분발해서 각각 자기의 몸을 잊어버리고 민족전체의 행복을 위하여 대한민국의 국민 된 영광스럽고 신성한 직책을 다 하도록 마음으로 맹서하기를 바랍니다. 여러분이 나에게 맡기는 직책은 누구나 한사람의 힘으로 성공할 수는 없는 것입니다. 이 중대한 책임을 내가 용감히 부담할 때에 내 기능이나 지혜를 믿고 나서는 것이 결코 아니며 전혀 애국남여의 합의 합력함으로만 진행할 수 있는 것을 믿는 바입니다. 이번 우리 총선거의 대성공을 모든 우방들이 칭찬하기에 이른 것은 우리애국남여가 단순한 애국정신으로 각각 직책을 다한 연고(緣故)입니다. 그 결과로 국회성립이 또한 완전무결한 민주주의제로 조직되어 2, 3 정당이 그 안에 대표가 되었고 무소속과 좌익색태(左翼色態)로 주목받은 대의원이 또한 여럿이 있게 된 것입니다.

 기왕 경험으로 추측하면 이 많은 국회의원 중에서 사상 충돌로 분쟁분열을 염려한 사람들이 없지 않았던 것입니다. 그러나 중대 문제에 대하여 종종 극열한 쟁론(爭論)이 있다가도 필경(畢竟) 표결될 때에는 다 공정한 자유의견을 표시하여 순리적으로 진행하게 되므로 헌법제정과 정부조직법을 다 민의대로 종다수 통과된 후에 아무 이의 없이 다 복종하게 되므로 이 중대한 일을 조속한 한도 내에 원만히 해결하여 오늘 이 자리에 이렇게 된 것이니 국회의원 일동과 전문위원 여러분의 애국성심으로 우리가 다 감복하지 않을 수 없는 일입니다. 나는 국회의장의 책임을 사면하고 국회에서 다시 의장을 선거할 것인데 만일 국회의원 중에서 정부처장으로 임명될 분이 있게 되면 그 후임자는 각기 소관투표구(所管投票區)에서 갱선(更選)하게 될 것이니 원만히 표결된 후에 의장은 선거할듯하며 그동안은 부의장 두 분이 업무를 대임(代任)할 것입니다. 따라서 이 부의장 두 분이 그동안 의장을 보좌해서 각 방면으로 도와 협의 진행케 하신 것을 또한 감사히 생각하는 바입니다.

국무총리와 국무위원조직에 대해서 그간 여러 가지로 낭설이 유포되었으나 이는 다 추측적 언론에 불과하여 며칠 안으로 결정 공포될 때에는 여론상 추측과는 크게 같지 않을 것이니 부언낭설(浮言浪說)을 많이 주의(注意)하지 않기를 바랍니다. 우리가 정부를 조직하는데 제일 중대히 주의할 바는 두 가지 입니다. 첫째는 일 할 수 있는 기관을 만들 것입니다. 둘째로는 이 기관이 견고해져서 흔들리지 않게 해야 될 것입니다. 그러므로 사람이 사회명예나 정당단체의 세력이나 또 개인사정상 관계로 나를 다 초월하고 오직 기능 있는 일군들과 함께 모여 앉아서 국회에서 정한 법률을 민의대로 진행해 나갈 그 사람끼리 모여서 한 기관이 되어야 할 것이니 우리는 그 분들을 물색하는 중입니다. 여러분들은 인격이 너무 커서 적은 자리에 채울 수 없는 이도 있고 큰 자리를 채울 수 없는 이도 있으나 참으로 큰 사람은 능히 큰 자리에도 채울 수 있고 적은 자리에도 채울 수 있을 뿐 아니라 적은 자리 차지하기를 부끄러이 하지 않습니다.

 기왕에도 누가 말한바와 같이 우리는 공산당을 반대하는 것은 아닙니다. 공산당의 매국주의를 반대하는 것이므로 이북의 공산주의자들은 절실히 깨닫고 일제히 회심개과(悔心改過)해서 우리와 같은 보조를 취하여 하루바삐 평화적으로 남북을 통일해서 정치와 경제상 모든 복리를 다같이 누리게 하기를 바라며 부탁합니다. 만일 종시(終始) 깨닫지 못하고 분열을 주장해서 남의 괴뢰(傀儡)가 되기를 감심(甘心)할진대 인심이 결코 방임(放任)치 않을 것입니다. 대외적으로 말하면 우리는 세계 모든 나라와 친선해서 평화를 증진하며 외교 통상에 균등한 이익을 같이 누리기를 절대 도모할 것입니다. 교제상 만일 친선에 구별이 있으면 이 구별은 우리가 시작하는 것이 아니요 타동적으로 되는 것입니다. 다시 말하자면 어느 나라던지 우리에게 친선히 한 나라는 우리가 친선히 대우할 것이요 친선치 않게 우리를 대우하는 나라는 우리도 친선히 대우할 수 없을 것입니다. 과거 40년간에 우리가 국제 상 정당한 대우를 받지 못한 것은 세계 모든 나라가 우리와 접촉할 기회가 없었던 까닭입니다. 일인(日人)들의 선전만을 듣고 우리를 판단해 왔었지만 지금부터는 우리 우방들의 도움으로 우리가 우리나라를 찾게 되었은즉 우리가 우리일도 할 수 있으니 세계 모든 나라들은 남의 말을 들어 우리를 판단하지 말고 우리 하는 일을 보아서 우리의 가치를 우리의 중량대로 판정해주는 것을 우리가 요청하는 바이니 우리 정부와 민중은 외국의 선전을 중요히 역이어서 평화와 자유를 사랑하는 각국 남녀로 하여금 우리의 실정을 알려주어서 피차에 양해를 얻어야 정의가 상통하여 교제가 친밀할 것이니 우리의 복리만 구함이 아니요 세계평화를 보장하는 것입니다. 새 나라를 건설하는데 새로운 정부가 절대 필요하지마는 새 정신이 아니고는 결코 될 수 없는 일입니다. 부패한 정신으로 신성한 국가를 이룩하지 못하나니 이런 민족이 날로 새로운 정신과 새로운 행동으로 구습을 버리고 새 길을 찾아서 날로 분발 전진하여야 지나간 40년 동안 잃어버린 세월을 다시 회복해서 세계 문명국에 경쟁할 것이니 나의 사랑하는 삼천만 남녀는 이날부터 더욱 분투용진(奮鬪勇進)해서 날로 새로운 백성을 이룸으로서 새로운 국가를 만년반석(萬年盤石) 위에 세우기로 결심합니다.

대한민국 30년 7월 24일

대한민국 대통령 이승만

4대 윤보선 대통령

제2공화국의 초대대통령으로 영예의 당선을 얻은 어제 나의 감격은 선서식을 거행하는 오늘에는 영광된 의무감과 무거운 책임감으로 변해 졌읍니다. 비록 엄숙 해야 할 식전 이기는 하나 감격과 책임감이 교차되는 이 순간에 있어 벅차 오르는 소회의 일단을 간단히 말씀 드리려는 것을 허물치 마시기를 바라는 바입니다.

첫째, 나같이 부덕하고 무능한 사람을 제2공화국의 대통령으로 뽑아주신 국회의원제위에게 송구하면서도 감사하다는 말씀을 아울러 올리는 바입니다.

둘째, 내가 사랑하여마지않는 국민제위에게 방금 정중하게 선서한 바와 같이 국민의 복리를 위해서는 내 신명을 걸기로 했거니와 이제부터는 국민을 위한 정부라기보다도 진실로 국민의 정부이오니 현명하신 국민의 건설적인 비판과 적극적인 협조가 없이는 오늘의 난국을 타개할 도리가 없는가 합니다. 오늘날 정치의 책임이 행정자에게만 있는 것이 아니라 피치자인 국민에게도 분담되었다는 것을 재확인해 주기를 바라는 바입니다.

세째, 앞으로 구성되는 정부는 적극적이고 강력한 정책 수행을 하여야만 하겠읍니다. 그러기 위하여는 당파를 초월해서라도 먼저 적재적소의 인물 본위로 내각의 자세를 갖추고 슬기로운 지혜와 향기로운 인화로서 혼연일체의 행정의 미를 거두어야겠읍니다. 거룩한 사월혁명이 한개 정당의 집권의 전리품이 아니요 대다수 국민의 민권탈환의 금자탑이요 빈곤해방의 기점이라 할진대 오고 가는 집권보다도 하나도 둘도 그리고 셋도 있을 수도 있고 없을 수도 있는 정당이나 단체보다도 오직 하나밖에 다시 없는 국민과 영원히 존재해야 하는 국가를 위해서는 모두를 다 바치는 것이 젊은 학도들이 흘린 고귀한 피의 값을 보상하는 길인가 합니다.

 사월혁명으로부터 정치적자유의유산을 물려받은 제2공화국 정부는 이제는 국민이 다먹고 살 수 있는 경제적 자유를 마련하지 않으면 안되겠읍니다. 경제적 자유에 뿌리를 박지 않는 정치적 자유는 마치 꽃병에 꽂은 꽃과 같이 곧 시들어 지는 것입니다. 피를 무서워 했던 독재는 정녕코 물러났기에 오늘 우리의 정치활동은 자유토왔읍니다. 그러나 독재에 따라 다니던 경제부패는 아직도 그대로 남아 있어 이 소탕작업은 그 여정이 요원하고 험준한데다가 이제는 탕진 될대로 탕진 된 나라 살림살이가 누란의 위기에 봉착하고 있읍니다. 이 경제적 위기를 극복하지 못하는 날에는 한낱 내각의 수명만이 아니라 국가의 운명이 또한 여기 달려 있다 하겠읍니다. 정부의 시책은 무엇보다도 경제 제일주의로 나가야겠고 현명한 국민에게는 내핍과 절제 그리고 창의와 노력이 요청 되는 바입니다. 행정부는 독재가 뿌렸던 반민주성과 부패요소를 조속히 제거하고 민주주의 원칙 밑에서 과감한 혁신행정을 수행해야 하겠읍니다.

민주유산이 별로 없는 후진국인 우리나라에서는 지키는 것 보다는 새로운 것을 만들어내는 적극적이고 창의적인 행정을 하여 좋은 전통과 역사를 이룩 하여야겠읍니다. 그리고 정권의 잉여 가치를 감소시켜 정권 만능주의를 근절해야겠읍니다.

다음에는 외교정책을 혁신 해야겠읍니다. 자유진영의 두통거리라는 낙인까지 찍힌 이 정권 외교는 무정견·무정책의 연속이었고 마침내 세계우방으로부터 고아 취급을 받아왔던 것은 가슴 아팠던 사실이었읍니다. 지리적 조건으로 말미암아 역사적으로 보아 항상 주변강대국사이의 세력 관계에 따라 국가 운명이 좌우되기 마련인 처지에다 설상가상으로 국내정치의 불안정으로 인하여 힘의 진공 상태를 빚어낸 까닭에 대외 관계에 있어서의 올바른 한국의 자세는 우리자신을 위해서 만이 아니라 동북아 국제평화에도 중대한 영향을 주었던 것을 새삼스럽게 말 할 필요도 없거니와 국민 경제에 직결되는 외교행정면에까지 이승만전대통령의 개인적인 특징을 발휘하여 국가적 손실을 초래했을 뿐만 아니라 결국은 그 독재적 정책을 합리화하고 국내의 불평불만을 외우로 돌려 국내의 정치적 위기를 모면하는 낡은 방법만을 사용하였던 기만적 외교를 일관하였읍니다. 외교란 원래 협상과 거래를 사명으로 하여 어디까지나 한국가의 실질적 이익을 중심으로 타국과의 대립되는 이익을 평화적인 수단으로 조정하는 것이어야 합니다. 그것이 오늘날의 민주주의적인 외교라 하겠읍니다. 우리는 새로운 외교 정책과 새로운 외교체제를 갖추어 새로운 외교 활동을 재출발 하여야겠읍니다.

이외에도 드르고 싶은 말씀 너무도 많습니다. 오늘은 간단히 인사말씀으로 대신 하겠읍니다.

5~9대 박정희 대통령

 단군성조가 천혜의 이 강토 위에 국기를 닦으신지 반만년, 연면히 이어온 역사와 전통위에, 이제 새 공화국을 바로 새우면서, 나는 국헌을 준수하고 나의 신명을 조국과 민족앞에 바칠 것을 맹서하면서, 겨레가 쌓은 이 성단에 서게 되었읍니다.

 나의 사랑하는 삼천만동포들이여!

 나는 오늘 영예로운 제3공화국의 대통령에 취임하면서 이 중대한 시기에 나를 대통령으로 선출해 주신 국민 여러분에게 감사드리며, 보람 있는 이 날의 조국을 보전하기에 생명을 바치신 순국선열과 공산침략에서 나라를 지켜온 충용스러운 전몰장병, 그리고 독재에 항거하여 민주주의를 수호한 영웅적인 4월혁명의 영령앞에 나의 이 모든 영광을 돌리고자 합니다.

 한편 나는 국내외로 매우 중요한 이 시기에 대통령의 중책을 맡게 됨에, 그 사명과 책무가 한이 무거움을 깊이 통감하고, 자주와 자립과 번영의 내일로 향하는 민족의 우령찬 전진의 대오 앞에 겨레의 충성스러운 공복이 될 것을 굳게 다짐하는 바입니다.

아세아의 동녘에 금수강산이라 불리우는 한반도에, 선조의 거룩한 창국의 뜻을 받아, 찬란한 문화로 자라난 배달의 겨레가 오천년의 역사를 지켜온 이땅이 우리들의 조국입니다.

한 핏줄기 이 민족의 가슴속에 붉은 피 용솟음치는 분발의 고동과 약진의 맥박은 결코 멈추지는 않았던 것입니다. 반세기의 고된 역정은 밟았으되, 일본제국주의에 항쟁한 3·1독립정신은 조국의 광복을 쟁취하였고, 투철한 반공의식은 6·25 동란에서 공산침략을 분쇄하여 강토를 보위하였으며, 열화같은 민주적 신념은 4월혁명에서 독재를 물리쳐, 민주주의를 수호하였고, 이어 5월혁명으로 부패와 부정을 배격함으로써 민족정기를 되찾아, 오늘 여기에 우람한 새 공화국을 건설하기에 이른 것입니다.

그러나 오늘 우리가 당면한 현실은, 결코 목적지 도달의 안도가 아니며, 준험한 노정에의 새 출발인 것입니다.

4월혁명으로부터 비롯되어 5월혁명을 거쳐 발전된 1960년대우리 세대의 한국이 겪어야만 할 역사적 필연의 과제는 정치·경제·사회·문화 모든 분야에 걸쳐 조국의 근대화를 촉성하는 것이며, 이를 위여 우리는 조성된 계기를 일실함이 없이 성공적으로 이 과업을 성취시키는 데 범국민적인 노력이 있어야 할 것입니다.

이제 여기에 3, 1정신을 받들어 4, 19와 5, 16의 혁명이념을 계승하고 당위적으로 제기된 바 민족적인 제과제를 수행할 것을 목표로 나는 오늘 이 뜻깊은 자리를 빌어, 일대혁신운동을 제창하는 바이며, 아울러 이에 범국민적 혁명대열에의 적극적 호응과 열성적인 참여있기를 호소하는 바입니다.

인간사회에는 피땀 어린 노력의 지불 없는 진보와 번영이란 존재하지 않는 것입니다.

격동하는 시대, 전환의 시점에 서서, 치욕과 후진의 굴레를 벗어나기 위 오늘의 세대에 생존하는 우리들의, 생명을 건 희생적 노력을 다하지 않는 한, 내 조국, 내 민족의 역사를 뒤덮은 퇴영의 먹구름은 영원히 걷히지 않을 것입니다.
 정치적 자주와 경제적 자립, 사회적 융화안정을 목표로 대혁신운동을 추진함에 있어서 우리는 먼저 개개인 정신적 혁명을 전개하여야 하겠읍니다.

 국민은 한 개인으로부터 자주적 주체의식을 함양하며, 자신의 운명을 스스로 개척한다는 자립, 자조의 정신을 확고히 하고, 이 땅에 민주와 번영, 복지사회를 건설하기에 민족적 주체성과 국민의 자발적 적극참여의 의식, 그리고 강인한 노력의 정신적 자세를 바로잡아야 하겠읍니다.

 불의와의 타협을 배격하며, 부정부패의 소인을 국민 스스로가 절개청산해야 하겠읍니다.

 탁월한 지도자의 정치적 역량이나 그의 유능한 정부라 할지라도 국민대중의 전진적 의욕과 건설적 협조 없이는 국가사회의 안정도 진보도 기대할 수 없는 것입니다.

 오늘의 시점에서 우리들의 최대의 적은 선거과정에서의 상대정적이나 대립정당도 아니며, 바로 비협조와 파쟁으로 인한 정치적 사회적 불안정 그 자체인 것입니다.

나는 여기에 대혁신운동의 정치적 목표의 일환으로 정치적 정화운동을 통한 새로운 차원의 정치활동양상을 시현하고 국가공동목적을 위한 협조의 전통을 세워 나가고자 합니다.

우리는 오늘 여기서 중단도 후퇴도 지체의 여유도 없읍니다. 방관과 안일, 요행과 기적을 바라며, 공론과 파쟁으로 끝끝내 국가를 쇠잔케 한 곤욕의 과거를 되풀이 할 수는 없는 것 입니다.

민주주의 정치제도 운용의 역사가 얕다거나, 시행착오라고 하기에는 너무나 막중한 부담과 희생을 지불한 우리들이기에, 여기에 또다시 강력정치를 빙자한 독재의 등장도, 민주주의 를 도용한 무능, 부패의 재현도 단연 용납될 수 없는 것입니다.

여하한 이유로서도 성서를 읽는다는 명목아래 촛불을 훔치는 행위가 정당화될 수는 없는 것입니다.

새 공화국의 대통령으로서 나는 국민 앞에 군림하여, 지배하려 함이 아니요, 겨레의 충복으로 봉사하려는 것입니다.

 시달리고 피곤에 지쳐가는 동포를 일깨워 용기를 돋우며, 정의깊은 대중의 벗으로 격려와 의논과 설득으로 분열과 낙오없는 대오의 향도가 되려는 것입니다. 그리하여 국민이 지워준 멍에를 성실히 메고 이끌어, 고난의 가시밭을 헤쳐 새 공화국의 진로를 개척해 나갈 것입니다.

 오늘날의 민주주의는 선거에서 패배한 소수자의 의견을 존중하고 또 그를 보호하는데 더욱 의의가 있는 것입니다.

 선거에서 승리한 집권당이 평면적 종다수의결방식을 근거로 만능, 우월의식에서 독선과 횡포를 자행하며, 소수의 의사를 유린할 때, 이 나라 민주주의 전도에는 또 다른 비극의 씨가 배태될 것입니다. 또 일방진부한 관록이나 허망한 권위의식에서, 대국을 망각한 소아병적 도발로 정쟁을 벌리고, 정국을 어지럽히며, 사회를 혼란시킨다면, 이 나라는 또 다시 역사의 뒤로 후퇴하는 슬픈 결말을 초래할 수밖에 없을 것입니다.

 자제와 책임을 수반하는 민주적 정치질서를 확립해 가면서, 대중의 이익에 벗어나는 시책이나, 투명치 못한 정치적 처사에 대하여는 정당한 비판과 당당히 반대할 수 있는 자유가 최대한 보장되어야 할 것입니다.

그리하여 본인과 새 정부는 정치적 행동양식에 있어서, 보다 높은 윤리규범을 정립하여, 극렬한 증악감과 극단적 대립의식을 불식하고, 여야의 협조를 통해 의정의 질서와 헌정의 상궤를 바로잡을 것이며, 유혈보복으로 점철된 역사적 악유산을 청산하고, 평화적 정권교체를 위한 복수정당의 발자한 경쟁과 신사적 정책대결의 정치풍토조성에 선도적 역할을 다할 것 입니다.

이 세기의 초로부터 시작된 험난한 역정과 살벌한 시류, 일제에의 병탄과 40년의 식민지통치, 종전과 더불어 밀려온 퇴폐한 외래풍조의 급격한 침윤, 6, 25전란과 혼돈, 궁핍속에 두 차례의 혁명, 이 오욕된 반세기는 이 나라 사회의 전통적 미풍과 양속을 짓밟아 도의는 타락되고, 사상분열과 정치적 대립 그리고 사치와 낭비, 허영과 안일, 반목과 질시속에 사회는 만성적으로 불안하며 민심은 각박해지기만 했읍니다. 이에 대혁신운동은 대중사회의 저변으로부터 사회적 청조운동의 새 물결을 이끌어 들여, 이 모든 오염과 악풍을 세척하고, 선대가 평화속에 이루었던 전원적 향토를 되찾아 선린과 융화의 새 사회건설을 촉진시킬 것입니다. 그리하여 신의와 「건전한 상식」이 지배하며, 노력과 대가가 상등하는 형평의 사회, 성실한 근로만이 영예롭게 살 수 있는 사회를 이룩할 것입니다.

 민주정치는 몇 사람의 지도자나, 특수계층의 교양에 의해 가능한 것이 아니라, 개인의 자각과 책임, 그리고 상호의 타협과 관용을 통한 사회적 안정속에서 이루어지는 것입니다.

 국민은 질서속에 살며, 정부로부터의 시혜를 기대하기에 앞서, 스스로의 의무를 다하며, 때늦은 후회이전에 현명하고 용감하게 권리의 자위를 도모하기에 힘써야 하겠읍니다. 또한 대국적 안목과 이성적 통찰로서 「초가삼간의 소실」을 초래하는 우를 범하는 일이 없어야 하겠읍니다.
 질서와 번영있는 사회에 영광된 새 공화국 건설의 기치를 높이 들고, 다시는 퇴영과 빈곤이 없는 내일의 조국을 기약하면서, 나는 오늘 사랑하는 동포앞에 다시한번 「민족의 단합」을 호소하는 바입니다. 지금 우리는 조국의 근대화라는 막중한 과업을 앞에 두고, 불화와 정쟁과 분열로 정체와 쇠잔을 되풀이 할 것인가, 아니면 친화와 협조와 단합으로 민족적인 공동의 광장에서 새로 대오를 정비할 것인가의 기로에 선 것입니다. 또한 한 핏줄기의 겨레, 우리는 이미 운명을 함께 한 「같은 배」에 탄 것입니다. 파쟁과 혼란으로 표류와 난파를 초래하는 것도, 협조와 용기로써 희망의 피안에 닻을 내리는 것도 오로지 우리들 스스로의 결의에 달려 있는 것입니다.

동포 여러분의 현명한 결단과 용맹을 촉구하는 바입니다.

친애하는 애국동포 여러분!

오늘 역사적인 새 공화국 탄생의 성전에 임해, 이날의 환희를 함께 하지 못하며, 자칫 우리의 뇌리에서 소원해 가기 쉬운 북한 일천만동포의 노예상태에 대해, 이땅에서 자유를 향유하는 우리들의 경각을 높이고자 합니다.

본인과 새 정부는, 안으로는 조속히 견실한 경제·사회적 토대를 이룩하고, 현군사력의 유지와 발전을 포함한 단합된 민족의 힘을 결속할 것이며, 밖으로는 유·엔과 자유

우방, 그리고 전세계 자유애호 인민들과의 유대를 공고히 하여 여하한 상황과 조건하에서도 공산주의에 대항, 승리할 수 있는 민주적 역량과 민족진영의 내실을 기하여 우리의 숙원인 민족통일의 길로 매진할 것입니다.

나는 이 자리에서 우리가 당면한 현실적인 제문제를 일일이 논급하지는 않겠읍니다.

그러나 경제문제를 비롯한 난국타개의 숙제는, 이미 공약을 통해 자청한 바 있으며, 신정부 는 이를 위하여 능률적 태세로서 문제해결에 임할 것입니다.

시급한 민생문제의 해결, 그리고 민족자립의 지표가 될 경제개발5개년계획의 합리적추진 은 중대한 국가적 과제로서 여야협조와 정부, 국민간의 일치단합된 노력으로서 그 성과를 기대할 수 있을 것입니다.

우리는 우리가 세운 목표를 향하여 인내와 자중으로 성실하고 근면하게 살아 나가는 근로정신의 소박한 생활인으로 돌아가, 항상 성급한 기대의 후면에는 허무한 낙망이 상접함을 명심하고, 착실한 성장을 꾀하는 경제국민이 되어야 하겠읍니다.

이제 여기에 우람한 새 공화국의 아침은 밝았읍니다. 침체와 우울, 혼돈과 방황에서 우리 모든 국민은 결연히 벗어나, 「생각하는 국민」 「일하는 국민」 「협조하는 국민」으로 재기합시다.

새로운 정신, 새로운 자세로서 희망에 찬 우리의 새 역사를 창조해 나갑시다.

끝으로 하나님의 가호속에 탄생되는 새 공화국의 전도에 영광있기를 빌며, 이 식전에 참석 하신 우방친우들에게 감사의 뜻을 표함과 아울러 동포 여러분의 건투와 행운있기를 축원하는 바입니다.

감사합니다.

10대 최규하 대통령

국민 여러분!

본인은 오늘 필설로 형언할 수 없는 비통한 마음으로 국민 여러분에게 애국심과 지혜와 단합을 호소합니다.

민족중흥의 지도자이신 박정희 대통령께서 졸지에 서거하시매 그 충격과 애통함을 가눌 길이 없습니다.

그러나 우리는 망연자실하고 있을 때가 아니며, 이 국가적 비상시국에 결연히 대처해 나가야 하겠습니다.

3천 7백만 대한민국 국민은 침착하게 합심협력하여, 국가를 보위하고 우리 스스로의 생존을 수호하기 위해 최선의 노력을 다해 나가야 하겠습니다.

지금 우리 군은 국가수호의 책임에 투철하여 침략도발의 틈을 노리고 있는 북한공산집단의 동향을 주시하면서 철통같은 방위태세를 견지하고 있으며, 경찰과 모든 공무원도 각각 소임을 수행하여 국내치안과 공공질서유지에

만전을 기하고 있습니다.

 국민 여러분은 정부와 군을 신뢰하고, 추호의 동요도 없이 각자의 직분을 다해 주시기 바랍니다.

 이 비상시에 대처하여, 헌법 제 48조의 규정에 따라 본인이 대통령권한을 대행케 되었습니다.

 본인은 비탄을 딛고 무엇보다도 국가와 국민의 명운을 위하여 신명을 다해 막중한 국가보위의 책임을 수행할 각오입니다.

 특히 국군장병,경찰,공무원 여러분은 일사불란하게 책임을 완수하고, 상호 협조 체제를 다지면서 국가안전보장을 위해 총력을 경주해 주시기 바랍니다.

 한편 우리의 맹방인 미국정부는 우리 정부에 대하여 즉각적인 협조와 지지를 명백히 하였습니다.

 본인은 또한 대외관계에 있어서 미국을 비롯한 우방국들과의 기존 우호협력관계에는 아무런 변동도 없다는 정부방침을 천명하는 바입니다.

 정부는 박대통령 각하에 대한 범국민적인 추모와 애도의 뜻을 표하기 위하여 국장을 거행키로 결정하였습니다.

 국민 여러분!
 우리 모두 다같이 하나로 굳게 뭉쳐 이 국가적 위기를 의연하게 극복해 나갑시다.

 감사합니다.

11~12대 전두환 대통령

친애하는 국민여러분!

내외귀빈 여러분!

오늘 새 역사의 장을 여는 뜻깊은 식전에서 먼저 본인을 제11대 대통령으로 선출해 주신 통일주체국민회의 대의원과 국민여러분에게 심심한 감사를 드립니다.

동시에 이 국가적 일대 전환기에 대통령의 책무를 맡게 된 데 대하여 무거운 사명감을 느낍니다.

앞으로 전개되는 80년대는 우리 현대사에 있어서 대내외적으로 획기적인 의미를 갖는다고 생각합니다.

조국이 광복된 후, 한 세대의 시간이 흐르는 동안 우리 사회의 중추세력이 바뀌었고 불의의 10, 26사태는 결과적으로 한 시대를 마무리짓는 전기가 되었습니다.

그뿐만 아니라 구시대의 그릇된 기풍을 과감하게 청산

하고 깨끗하고 서로 믿는 정의로운 새 사회와 부강한 복지 국가를 건설하는 것이 오늘을 사는 우리의 시대적 사명이라고 확신합니다.

또한 눈을 밖으로 돌려 볼 때 80년대 역시 국제정치와 세계 경제질서에 격동과 격변이 계속될 것으로 예상됩니다.

우선 미소간의 긴장이 고조되는 가운데 세계 도처에서 분쟁과 군사적 충돌이 계속될 것이며, 특히 동북아지역에 있어서는 강대국간의 전략적 균형이 구조적으로 변화되어 가는 징후가 나타나고 있습니다.

그리고 이러한 열강의 움직임은 한반도 주변환경에 긴장을 고조시킬 우려가 있습니다.

또한 세계경제도 가중되는 자원난과 만성적인 경기침체로 계속 진통을 겪게 될 것으로 보입니다.

이렇게 어려운 국제환경 속에서 우리는 북한공산집단의 침략위협에 항상 대비해야 하는 이중의 부담마저 안고 있는 것입니다.

 따라서 앞으로 우리가 생존권을 지키고 밝은 장래를 기약하기 위해서는 국민적 결의와 단합이 요청됩니다.

 국민 여러분!

 우리는 지난 60년대와 70년대에 걸쳐 갖가지 내외의 도전과 시련에도 불구하고 경이적인 국가발전을 이룩하였습니다.

 그러나 급속한 발전과정에서 많은 모순이 부산물로 생겨났습니다. 이른바 권력형 부정축재, 부의 편재현상, 황금만능주의, 도의의 타락, 정치적 이견의 극단화, 공직자들의 무사안일주의 등이 그 대표적인 예가 될 것입니다.

 권력을 이용하여 수십억 또는 수백억의 재산을 긁어모은 정치인이 있고 일부 부유층이 사치를 위해 낭비에 흐르는가 하면, 나만 잘 먹고 잘 살면 된다는 사고방식이 팽배하였으며 정직, 성실, 근면한 사람이 사회로부터 존경받고 대우받기는커녕 오히려 못난 사람 취급을 받기도 하였습니다.

 이와 같은 부조리와 부패를 그대로 놓아 둔다면, 외부로부터의 침략이 아니라 하더라도 내부의 분열과 갈등으로 나라의 존립마저 크게 위협을 받게 될 것입니다.

 백수의 왕인 사자도 다른 맹수의 공격 때문에 죽는 것이 아니라 내부의 병균이나 기생충에 죽는 것에 비유할 수 있을 것입니다.

 이 나라는 우리 모두가 피로써 지켰고 땀흘려 이룩한 국민의 것입니다.

 몇몇 특혜 받은 사람들을 위한 나라가 결코 아닐 것입니다.

 따라서 80년대에는 이같은 구시대의 잔재를 추방하고 참다운 민주복지국가를 건설해야하겠습니다.

 우리가 지향하는 민주복지국가는

첫째. 우리 정치풍토에 맞는 민주주의를 이 땅에 토착화하고
둘째. 진정한 복지사회를 이룩하며
셋째. 정의로운 사회를 구현하고
넷째. 교육혁신과 문화창달로 국민정신을 개조하려는 것입니다.

본인은 제11대 대통령으로서 이와 같은 국가지표를 달성하기 위한 그 기초작업에 착수하겠습니다. 우선 참다운 민주역량의 축적은 우리의 당면과제 중의 하나입니다.

민주주의는 인류의 보편적 가치입니다.

그러나 이것은 원래 우리의 것이 아니라 8, 15해방과 함께 외부로부터 받아들인 것이기 때문에 그 동안 우리 국민은 민주정치를 해 보려고 여러 가지로 노력을 해 왔으나 민주주의를 실현할 수 있는 기반이 약해 값비싼 시행착오만을 되풀이해 왔다고 생각합니다.

민주제도는 어렵고 정묘한 정치제도이기 때문에 조건이 성숙되지 않으면 제대로의 기능을 발휘할 수 없는 것입니

다.

 따라서 새 정부는 민주주의가 성장할 수 있는 기반을 다지는 일을 하나씩 해 나갈 것입니다.

 우선 헌법개정문제에 있어서는 정치과열의 방지와 정치풍토 쇄신을 기할 수 있는, 다시 말해 우리 현실에 맞는 능률적인 헌법안을 마련할 작정입니다. 이 헌법개정안은 늦어도 10월 중에는 국민투표에 붙일 생각입니다.

 그리하여 정부가 누차 밝힌 대로 내년 상반기 중 새 헌법에 의한 선거를 실시하여 신정부를 출범시킬 예정입니다. 정치활동은 새 헌법이 확정된 후, 빠른 시일내에 재개토록 하겠습니다.

 계엄령은 정국이 안정되고 소요의 우려가 없다고 판단되면 어느 때라도 해제할 방침이며 새 헌법에 의한 선거는 계엄이 해제되고 자유분위기가 보장된 상황하에서 과열이 배제되고 질서와 법이 존중되는 가운데 공정한 자유경쟁을 통해 실시할 것입니다.
 이와 같은 정치일정이 차질없이 진행될 수 있도록 국민

여러분의 적극적인 협조를 당부하는 바이며, 아울러 이와 같은 협조분위기가 원만히 성숙된다면 이미 최규하 전임 대통령께서 밝혔던 정치일정이 앞당겨져 추진될 수도 있다는 점을 밝혀두고자 합니다.

참다운 민주주의가 이 땅에 뿌리를 내리기 위하여는 정치풍토부터 개선되어야 하겠습니다.

과거처럼 선동, 비리, 파쟁, 권모, 사술, 부정부패 등이 판을 치던 풍토 속에서는 민주주의가 제대로 성장할 수 없습니다.

우리는 그 동안 이같은 정치작태에 대하여 책임을 져야 할 상당수의 구정치인들을 정리하였으며, 그 외에도 이런 폐습에 물든 정치인들에게 앞으로의 정치를 맡길 수 없다는 것이 본인의 소신입니다.
따라서 정계의 개편과 정치인의 세대교체는 불가피하다고 봅니다. 이러한 개편과 교체를 통해 지난날 노출되어 온 정치적 이견의 극단화는 앞으로 점차 중화되고 조정되리라고 본인은 기대하고 있습니다.
우리가 정착시켜야 할 민주주의는 자유민주주의 이념을

바탕으로 하되 우리의 생존과 안전을 보장할 수 있어야 하고 국정운영상의 비능률을 제거할 수 있는 제도적 장치를 갖추고 있어야 하며, 자유경쟁 원칙하에 고도의 경제발전을 뒷받침할 수 있어야 하고, 우리의 고유한 민족전통과 문화배경에 합치되어야 합니다.

 그뿐만 아니라 권한과 책임의 한계를 분명히 함으로써 책임정치와 책임행정을 구현할 수 있어야 하겠습니다. 특히 대통령 자신부터 국민 위에 군림하는 것이 아니라 국민에게 봉사하는 자세로 일해야 하며, 권력이 자신을 위한 개인적 사유물이 아니라 국민이 일정기간 맡겨놓은 것에 불과하다는 생각을 가져야 한다고 믿습니다.

 본인은 민주주의를 이 나라에 토착화하기 위하여 헌법절차에 의한 평화적 정권교체의 전통을 반드시 확립할 것입니다.

 이와 관련해서 최규하 전대통령께서 지난 3월 중순 평화적 정권이양의 모범을 보여 주신 데 대하여 본인은 깊이 감명을 받았습니다.
 참다운 민주주의의 실현은 정부나 정치인의 힘만으로

될 수는 없으며, 국민 한사람 한사람이 일상생활을 통해, 작게는 공중도덕을 지키는 일에서부터 크게는 국가관에 이르기까지 건전한 민주시민으로서의 뚜렷한 윤리관을 정립하고 생활화하는 것이 민주사회 건설의 첩경이라고 믿습니다.

더욱이 전쟁의 참화를 경험하지 못한 전후세대에게 공산주의를 극복할 수 있는 확고한 가치관과 투철한 안보의식을 심어주는 것은 긴요한 과제가 아닐 수 없습니다.

다음, 복지사회의 기반조성을 위해서는 자유경제체제에 바탕을 두고 지속적인 경제발전을 이룩해 나가는 것이 절대 필요합니다.

경제발전은 사회복지의 기본전제가 되기 때문입니다. 정부는 앞으로 기업의 창의성을 존중하고 자유롭고 정상적인 기업활동을 최대한 보장하는 동시에 지금까지의 기업에 대한 과잉보호를 지양하고 지원시책을 재검토 정비하여 기업체질을 강화해 나갈 것입니다.

즉 경제운용방식을 민간이 주도하는 방향으로 발전시키

며 기업은 대소를 막론하고 경영 결과에 대해 스스로가 책임을 지는 풍토를 조성할 것입니다.

한편 국제경제면에서는 개방체제를 유지하면서 외국의 자본과 기술을 과감히 도입하여 우리 기업의 국제경쟁력을 강화해 나갈 것입니다.

아울러 외국인의 국내 경제활동을 적극 유치, 장려하고 그들의 권익을 보장하겠습니다.

정부가 추구하는 사회복지정책은 고용기회의 확대에 중점을 두어 모든 국민이 각자 자기의 능력에 따라 경제활동에 참여할 수 있으며, 풍요롭고 인간다운 생활을 영위할 수 있도록 공공투자를 확대해 나가는데 있습니다.
정부는 근로자의 노동조건을 향상시키고 임금격차의 완화와 근로자의 재산형성을 촉진하며, 기업과 근로자가 공존공영할 수 있도록 노사협력체제를 계속 확립해 나가겠습니다.

농가소득의 증대와 농촌근대화에 박차를 가하기 위해 새마을 운동을 계속 발전시켜 나가는 한편, 도시와 공장에도 새마을 운동을 지속적으로 확산, 정착시켜 나가겠습니다.

중화학공업의 국제경쟁력 제고로 수출진흥에 주력하고 금융질서의 쇄신, 공정거래질서의 확립등을 추진할 것입니다.

당면시책으로는 물가를 안정시키고 생활필수품을 원활하게 공급하는 등 민생안정에 역점을 두겠습니다.

지속적인 경제성장과 발전이야말로 복지국가 건설의 밑거름이 될 뿐만 아니라, 우리가 지금까지 추구해 왔고, 앞으로도 계속 추구해야 할 튼튼한 자주국방의 초석이 된다고 믿습니다.

우리의 막강한 군사력 유지는 아직도 한반도문제의 평화적 해결을 외면하고 있는 북한공산집단의 무력적화야욕을 분쇄하는 데 있어 필요불가결한 전제임은 두말할 나위도 없습니다.

본인은 자주국방태세를 더욱 확고히 하기 위해서 군의

정예화, 그리고 사기앙양을 촉진하고 방위산업의 착실한 발전을 계속 추진해 나가겠습니다.

자주국방없이 민주복지사회를 구현하려고 한다면 이것은 사상누각과 같은 것이라고 생각합니다.

다음, 정의로운 사회를 구현하기 위해서는 서로 믿고 살 수 있는 사회가 되어야 합니다.

국민간의 불신도 문제이지만 국민이 정부를 불신하는 것은 더욱 큰 문제입니다.

본인은 그 일차적인 책임이 정부와 공직자에게 있다고 봅니다.

앞으로는 나 자신과 내 주변의 부정과 부패를 스스로 용납하지 않을 것이며, 모든 공직자의 부정부패도 계속 척결해 나감으로써 국민의 불신소지를 가능한 한 조속히 없애는 데 주력하겠습니다.

그렇게 하는 것만이 정직한 정부로서 국민으로부터 신

뢰를 회복하는 유일한 길이라고 본인은 확신하고 있기 때문입니다.

동서고금을 막론하고 사회개혁 주도세력이 처음에는 대단한 열의와 정의감을 가지고 출발하지만, 시간이 흐름에 따라 그들이 부패하고 사명감을 상실하기 때문에 국민으로부터 불신을 받는 경우가 허다했습니다.

새 시대에는 결단코 이와 같은 전철을 밟아서는 안 될 것입니다.

우리가 새 시대를 여는 데 있어서는 국민 개개인의 의식구조가 바뀌어야 하고 가치관이 정립되어야 합니다.

새 가치관이라고 결코 고답적인 개념이나 거창한 내용이 아닙니다.

규칙을 지키지 않고, 약속을 어기고, 남을 헐뜯고, 거짓말을 하고, 불로소득을 꾀하고, 사치와 낭비를 일삼고, 돈으로 매사를 해결하려 하고, 압력으로 이권을 청탁하는 등의 폐습을 우리 일상생활 주변에서부터 하나씩 고쳐 가려는 마음가짐, 이것이 바로 새 가치관인 것입니다.

정부는 이러한 새 가치관이 우리 국민의식 속에 뿌리를 내려 정의로운 사회가 구현될 수 있도록 새마을운동과 연계시켜 범국민적 사회정화운동을 지속적으로 전개해 나가겠습니다.

지금까지는 사회정화운동이 다만 부정적 요소를 물리적 힘으로 제거하는 데에 그쳤으나, 앞으로는 긍정적 요소를 고취하는 방향으로 계속 전개되어야 합니다. 그리고 이 운동이 성공하려면 가정과 학교교육을 통해 어릴 때부터 정직, 질서, 창조의 정신을 생활화하는 것이 무엇보다도 중요한 것입니다.

이상과 같은 민주, 복지, 정의사회는 획기적인 교육혁신과 민족문화의 창달을 통해서만 이룩할 수 있다고 확신합니다.

지금까지의 교육은 단순히 지식의 주입에만 치우치는 경향이 있었으나 앞으로는 민주시민 으로서의 자질향상, 인격의 함양, 확고한 안보의식의 정립, 창의력 개발에 역점을 둔 전인교육이 되어야 할 것입니다.

 이를 위하여 우선 의무교육의 내실화를 기하고, 과외의 폐풍을 근절하여 학교교육에 대한 신뢰를 회복시켜야 하겠습니다.

 특히 대학은 앞으로 사회 각분야에서 지도적 역할을 담당할 인재를 길러내는 배움의 터전입니다.

 따라서 정부는 대학에서 연구하고 공부하는 자유는 최대한 보장하겠습니다. 그러나 대학인들이 현실정치에 뛰어들거나 사회질서를 파괴하는 행위로 나올 때 이것은 안보적 차원에서도 결코 용납될 수 없다는 사실을 명백히 밝혀두고자 합니다.

 문화발전을 위해서는 우리의 전통적 문화유산을 보존, 계승, 발전시키는데 힘쓰는 한편, 문화예술인들의 자주적이며 창의적인 활동을 적극 뒷받침하겠습니다.

 국민 여러분!
 민주복지국가를 건설하려는 우리의 의지는 궁극적으로

조국의 평화통일에로 이어지는 것입니다.

 정부는 이 민족적 지상과업을 달성하기 위해서 앞으로도 남북대화를 끈기있게 추진할 것이며, 쉬운 문제부터 점진적으로 풀어 나가려는 노력을 기울일 것입니다.

 남북한문제에 대해서는 추후에 다시 언급할 기회가 있을 것으로 믿고 있읍니다만, 한반도에서 전쟁은 방지되어야 하고 민족과 국토의 통일은 반드시 평화적인 방법에 의해 달성되어야 한다는 것이 본인의 소신입니다.

 한편, 민주복지국가 건설은 국제사회에서 우리 나라의 지위를 더욱 높이는 길이기도 합니다.

 정부는 한, 미상호방위협력체제를 더욱 공고히 다지는 동시에, 교역국가로서 우리 나라의 비중이 국제사회에서 증대되는 추세에 맞추어 특히 우리의 주요 우방인 미국, 일본을 비롯하여 모든 우방들과 긴밀한 우호협력 관계를 계속 유지 발전시켜 나갈 것입니다.

 그리고 우리와 이념과 체제를 달리하는 국가들에 대하

여도 상호주의원칙에 입각하여 문호개방정책을 유지할 것이며 비동맹국과의 실질적인 협력관계도 계속 증진해 나가겠습니다.

친애하는 국민 여러분!

본인은 오늘 제11대 대통령에 취임하면서 지금 밝힌 국정운영의 포부와 계획을 성실히 실천할 것을 국민여러분에게 다짐합니다.

새 역사, 새 시대를 창조하려는 우리의 국민적 의지와 민족사의 진운은 그 누구도 막을 수 없을 것입니다.

우리에게는 오직 결단과 참여와 영광이 있을 것입니다. 우리 모두 국가 속에 내가 있고 나와 함께 국가가 있다는 것을 명심하여 조국과 민족을 위해 무엇을 할 것인가를 겸허한 마음으로 생각하면서, 우리 국민 모두가 다함께 손을 마주잡고 새로운 광명의 시대를 향하여 힘찬 전진을 계속합시다.

이 국민적 결의야말로 바로 오늘과 내일의 새 민족사의

장을 여는 원동력이 되어야 할 것입니다.

 끝으로 국내외에 계시는 국민 여러분의 가정마다 고루 행복과 번영, 그리고 거룩하신 하느님의 축복이 항상 함께 하시기를 기원합니다.

 감사합니다.

13대 노태우 대통령

친애하는 6천만 국내외 동포 여러분. 우리 헌정발전을 뒷받침해 주신 윤보선, 최규하 전임 대통령과 평화적 정부이양의 역사적 선례를 세우신 전두환 전임 대통령, 그리고 이 자리를 빛내 주신 세계 각국의 경축사절과 내외 귀빈 여러분. 오늘 우리는 새로운 시대의 개막을 선언하기 위해 성스러운 이 민의의 전당 앞에 모였습니다. 동아시아의 변력국가에서 세계의 중심국가로 뛰어오를 민족웅비의 희망찬 새 시대가 열린 것입니다. 이 나라에 민주정부를 세운 지 40년, 새로운 나라, 새로운 시대를 요청하는 역사의 조류 속에 제13대 대통력으로 취임하면서, 아득한 옛날 이 땅에 민족의 터전을 일구어 오신 모든 선조들에게 깊이 머리 숙입니다. 저는 먼저 반만 년 동안 숱한 외세의 침략과 시련을 이겨내며 빛나는 문화부통을 창조하여 민족의 자존을 면면히 이어 온 그 불굴의 자주독립정신을 가슴에 새깁니다. 가까이로는 손 마디마디에 고생의 흔적이 역력한 형제자매 동포 여러분에게 새삼 경의를 표합니다. 우리들의 손은 가난과 전쟁에 시달려 아무것도 없는 맨손이었습니다. 그러나 잘살아 보겠다는 뜨거운 가슴으로 땀 흘려 일한 우리들의 맨손에서 이 나라는 세계가 높이 보는 신흥공업국가로 자랐습니다. 그리고 이제 평화적 정부이양의 전통을 이룩한 민주국가로 커졌습니다. 참으로 우리 국민은 위대하였습니다. 이 놀라운 국민적 저력은 20세기가지나기 전에 선진국으로 도약하려는 우리 모두에게 무한한 격려를 주는 것입니다. 새로운 민족사의 출발점에 서서 저는 오늘이 있기까지 땀 흘린 모든 분들의 노고에 깊이 감사드립니다. 국민여러분. 역사는 그동안 우리 민족을 여러 차례 시험해 왔습니다. 인내와 슬기, 국민의 뭉친 힘으로 모든 시험을 이겨낸 우리에게 새로운 과제가 부과되고 있습니다. 민족 전체가 한 차원 높게 뛰어오르라는 명령이 그것입니다. 그것은 '민족자존의 새 시대'를 꽃피우라는 것입니다. 저는 이 자리에서 바로 그 '민족자존의 새 시대'가 열렸음을 국민 여러분 앞에 엄숙히 선언합니다. 국민여러분. 우리는 할 수 있습니다. 우리는 해야 합니다. 능동적인 자기개혁으로 새 도전에 성공적으로 응전해야 합니다. 새는 스스로 알을 깨고 나와야 저 창공으로 날 수 있습니다. 우리 역시 무에서 유를 만들어 낸 개척자의 창조적 정열로 낡은 틀을 깨뜨리고 온 국민이 민주와 번영을 누리게 하여 자유와 자존의 통일대국으로 비약할 때입니다. 새 시대는 분명히 변화하며 발전하고 쇄신하며 도약하는, 활력에 가득찬 진보의 시대인 것입니다. 그러므로 우리 내부의 지나친 다툼을 이제는 멈출 때입니다. 과거는 분명히 우리 모두의 자산이면서 반성의 거울이지만, 그것이 밝은 미래의 세계로 전진해 나가려는 우리의 발걸음에 끝없는 족쇄일 수는 없는 것입니다. 더욱이 지난해 위대한 국민의 민주적 선택으로 40년 헌정사를 통해 쌓여 온 갈등의 찌꺼기는 모두 씻겨졌습니다. 이제는 지역감정, 당파적 이기심, 개인적 섭섭함을 이 새로운 출발의 광장에 모두 묻읍시다. 서로 용서하고 서로 한 발짝씩 물러서는 호양의 정신 아래 우리가 오늘 묻어 버리는 미움의 앙금은 우리와 우리의 후손들이 거두어들일 민주와 복지의 풍요로운 열매를 낳는 값진 밑거름이 될 것입니다. 국민 여러분. 우리는 이 순간부터 온누리에 자유와 행복이 가득한 '희망의 나라'를 바라보며 넓은 바다를 힘차게 헤쳐 나갑시다. 우리에게는 새로운 지도와 나침반이 있습니다. 국민 여러분께서 저를 대통령으로 직접 뽑아 주셨을 때 다함께 확인했고 합의했던 민주주의라는 지도이며 국민화합이라는 나침반입니다. 이제 새 공화정의 출범을 알리는 저 우렁찬 고동소리와 함께, 우리는 민주주의의 항로로 확실하게 전진할 것입니다. 민주주의가 오늘의 유행어이기 때문은 결코 아닙니다. 민주주의야말로 인간을 인간답게 만들어 주는 정당한 가치이기 때문입니다. 민주주의

만이 모두가 자유롭게 살며 자유롭게 참여하는 사회, 사람이 사람답게 사는 사회로 우리를 이끌 것이기 때문입니다. 물량성장과 안보를 앞세워 자율과 인권을 소홀히 여길 수 있는 시대는 끝났습니다. 힘으로 억압하거나 밀실의 고문이 통하는 시대는 끝났습니다. 마찬가지로 자율과 참여를 빙자하여 무책임하게 혼란을 일으킬 수 있는 시대도 끝나야 합니다. 침해되지 않는 인권과 책임이 다르는 자율이 확보될 때 경제도 발전하고 안보도 다져지는 성숙한 민주주의 시대가 열릴 것입니다. 성실히 사는 국민이 아무 두려움없이 어디서나 떳떳하고 활기있게 사는 사회, 국민 각자가 진정한 나라의 주인이 되어 국가 발전에 창조적으로 참여하는 민주국가를 만들어 나갈 것입니다. 국민의 뜻을 담은 새 헌법의 발효와 함께 바로 이 시각에 탄생하는 새 정보는 바로 국민이 주인이 된 국민의 정부임을 선언합니다. 제가 이끄는 정부는 민주주의의 시대를 활짝 열어 모든 국민의 잠재력을 꽃피게 할 것입니다. 새 정보는 다원화된 사회 각 부문이 생동력에 넘친 자유를 누리며 스스로의 권능을 다할 수 있도록 도울 것입니다. 국민은 정직한 정부를 갈망하고 있습니다. 저는 국민의 비원을 반드시 성취시켜 도덕성이 높으며 그 도덕성으로 말미암아 신뢰받는 정부를 만들고야 말 것입니다. 곧바로 서 있는 물체의 그림자가 밝은 대지 위에서 굽어질 리는 없습니다. 저를 포함한 지도층이 스스로 정직과 진실의 수범을 보이도록 하겠습니다. 국민과의 약속은 반드시 지킬 것입니다. 지난 선거에서 저를 지지한 환성은 힘이 되었고 비판은 약이 되었습니다. 저에게 표를 주지 않았던 국민들의 마음도 깊이 헤아려 꼭 국정에 반영할 것입니다. 그분들의 비판을 결코 무시하지 않을 것입니다. 이런 뜻에서 야당과 반대세력에 대해서도 간곡히 호소합니다. 우리 서로 나라를 위해 함께 고뇌하면서 대화하고 대화하면서 협력합시다. 민주주의의 개화와 겨레의 통일번영을 위해 협력의 동반자로 일해 나갑시다. 국민 여러분. 우리는 또한 국민화합이라는 목적지를 향해 저 푸른 바다를 헤쳐 나갈 것입니다. 70년대 이후의 발전사는 경제성장이 아무리 높고 지속적이라 해도 그것만으로는 우리가 이상으로 삼는 조화와 균형있는 행복한 사회에 도달할 수 없다는 냉엄한 교훈을 주었습니다. 물론 고도성장은 우리의 물질생활을 보다 넉넉하게 만들었고 1차산업 중심의 우리 사회를 다원적인 산업사회로 탈바꿈시키기도 했습니다. 그러나 그것은 우리가 나가는 길 도처에 암초를 만들어 놓은 것도 사실입니다. 계층간, 지역간의 격차는 갈등과 분열을 낳아 국민적 통합에 큰 문제점을 던져주고 있습니다. 이러한 문제점을 개선하지 않고는 민주복지국가를 향한 우리의 항해는 좌절될 수도 있습니다. 그러므로 국민들은 갈등과 분열을 녹여 줄 훈훈한 화합을 절실하게 요국하고 있는 것입니다. 그렇습니다. 그 동안 이룩한 고도성장의 열매가 골고루 미치는 정직하고 정의로운 분배를 실현하기 위해 정부와 모든 계층의 국민이 합심할 때입니다. 출신지역이나 성별이나 정치적 입장 때문에 불이익을 받거나 부당한 대가를 누리는 일이 결코 없어야 하겠습니다. 국가 전체의 발전을 강조하는 과정에서 유보되어 온 개개인의 몫이 더 이상 부당하게 희생되지 않도록 하여야 하겠습니다. 병든 사람은 치료받게 해주고, 어렵고 힘없는 사람은 부축을 받도록 만들어 나가야 하겠습니다. 기업인의 창의와 자유를 더욱 북돋는 한편, 근로자와 농어민과 중소상공인의 권익을 저는 최대한 신장시킬 것입니다. 나라의 내일을 짊어질 후세들이 수준높은 교육을 받을 수 있도록 모든 힘을 기울일 것입니다. 젊은이들이 이상과 꿈을 수용하여 항상 개혁하고 새로워지는 진취적 사회를 만들어 가는 데 정성을 다할 것입니다. 우리가 창조하는 이 시대는 멀지 않은 미리에 오늘의 젊은 세대에서 넘겨져, 이들이 이끌어 나가야 합니다. 따라서 이들의 꿈과 열정은 진보의 값진 영양소로 받아들일 것입니다. 학술과 문화예술의 진흥을 통하여 경제적 기적을 이룩한 우리 국민이 찬란한 문예부흥의 시대를 창조할 수 있도록 온 힘을 쏟겠습니다. 그리하여 모든 국민이 질높은 문화생활을 누릴 수 있도록 하며 이웃을 이해하는 넉넉한 마음과 아름다움을 추구하도록 힘쓸 것입니다. 아울러 사회정의의 실현을 가로막고 갈등을 심화시키는 어떠한 형태의 특권이나 부정부패도 단호히 배격하겠습니다. 폭력과 투기와 물가오름세를 반드시 막고자 합니다. 부의 부당한 축적이나 편재가 사라지고 누구든지 성실하게 일한 만큼 보람과 결실을 거두면서 희망을 갖고 장래를 설계할 수 있는 사회가 바로 '보통사람들의 위대한 시대' 입니다. 민주개혁과 국민화합으로 이제 우리는 '위대한 보통사람들의 시대' 를 열어야 하는 것입니다. 그러나 국민화합은 정부의 정책으로만 이루어지는 것이 아니라 국민 한 사람 한 사람의 가슴속에 피는 꽃이기도 합니다. 따라서 온 국민의 화합을 정부차원의 해결과제로만 미루지 맙시다. 우리 모두 자기 자신의 마음속에서부터 너그럽게 풀어 나가야 할 문제로 돌이켜 생각해 봅시다. 이런 뜻에서, 앞서가는 사람은 뒤에 오는 사람을 끌어 주면서 함께 나아가야 합니다. 가진 사람은 덜 가진 사람에게 자제와 아량을 보여야 합니다. 국민 여러분. 우리 겨레의 큰 경사인 서울올림픽이 눈앞에 다가오고 있습니다. 50억 인류의 평화대축제가 바로 이 땅에서 열리게 됩니다. 세계 속의 한국을 새롭게 드러내는 민족재탄생의 자리에, 너와 내가 따로 드러나지 않습니다. 우리 모두 합심협력하여 지구촌의 모든 사람들에 길이 기억될 가장 성공적인 대회로 승화시킵시다. 서울올림픽은 민족사적 의미에서, 이를 계기로 우리가 민족통일의 항로로 진입한다는 데 더 큰 뜻이 있다는 것을 우리 모두 직시할 필요가 있습니다. 긴장완화와 평화공존의 물줄기를 타고, 12년만에 처음으로 동과 서, 남과 북의 세계 모든 나라가 참가하는 이 화합의 거대한 합창은 한반도에 마침내 통일의 시대가 열리고 있음을 전세계에 알리고 있는 것입니다. 이 우렁찬 합창소리에 화답하여 우리 대한민국은 세계 모든 나라와 국제평화와 협력의 외교적 노력을 더욱더 쏟고자 합니다. 미국과 일본을 비롯한 서방과의 유대를 더한층 강화하는 한편 제 3 세계와의 으의를 더욱 굳게 하겠습니다. 이념과 체제가 다른 이들 국가들과의 관계개선은 동아시아의 안정과 평화, 공동의 번영에 기여하게 될 것입니다. 북방에의 이 외교적 통로는 조한 통일로 가는 길을 열어 줄 것입니다. 여기서 저는 분단의 조속한 해소를 열망하는 우리 동포들에게 호소합니다. 우리가 자나깨나 잊을 수 없는 민족통일의 길은 낙관할 수 있는 길도 아니요, 비관만 할 길은 더욱 아닙니다. 오로지 최선의 노력을 기울여 나가야 할 길일 뿐입니다. 때마침 우리 내부에서도 민족의 자존을 높이려는 분위기가 크게 자랐습니다. 이 기운이야말로 우리 민족의 통일과 세계적 진출을 북돋울 힘찬 원동력이라 하겠습니다. 그러므로 민족자존의 바탕 위에서 민주역량을 다지고 안보태세를 강화하면서 통일의 길을 열어 나가야 합니다. 기회는 그저 기다리는 자에게보다 착실히 준비하는 자에게 먼저 온다는 교훈을 항상 기억합시다. 저로서는 한반도의 평화와 민족의 재결합을 위한 길이 보인다면 세계 어느 곳이든 개의하지 않고 방문해 어느 누구와도 진지하게 대화할 용의가 있음을 밝힙니다. 북한 당국에 대해 말하고자 합니다. 공산국가들조차 거부하고 있는 교조적 이념을 민주의식이 체질화된 이 땅의 자유시민들이 수용하리라는 환상을 버려야 합니다. 폭력이 아니라 대화가 분단을 해소시키고 민족의 재결합을 가져오는 정직한 지름길임을 받아들여야 합니다. 대화의 문은 언제나 어느 곳에나 열려 있음을 확인합니다. 민족자존의 새시대에 부응하며, 대화하며 공존하고 공존하며 협력함으로써 휴전선에도 화해의 봄을 가져옵시다. 그리하여 멀지 않은 장래에 우리 함께 통일의 열매를 거둡시다. 관련국가들에게 말하고자 합니다. 한반도 문제는 기본적으로 남북한 당사자들이 민주적 방식을 통해 평화적으로 풀어 나갈 것입니다. 그러나 평화와 통일의 전령사가 그 어느 곳으로부터든 서울을 방문한다면 기꺼이 받아들일 것입니다. 우리는 어느 누구도 특별대우하지 않을 것이며 어느 누구도 두려워하지 않을 것입니다. 국민여러분. 우리에게 고통과 좌절을 안겨 주는 것으로 시작했던 20세기는 그 극복의 토대를 마련해 준 채 저물어 가고 있습니다. 20세기의 수평선 너머에 활짝 핀 통일조국의 미래상이 우리를 손짓하고 있습니다. 이미 치솟고 있는 우리 국민의 저력과 민족적 자존을 국가적 도약이라는 큰 목표를 향해 활활 태울 때 우리 조국은 분명히 아시아, 태평양시대를 이끄는 세계의 젊은 거인으로 뛰어오를 것입니다. 이 절호의 기회를 손에 넣기 위해 그동안 얼마나 많은 선열과 국민이 희생을 했고 땀을 흘렸던 것입니까. 이 나라에 보탬이 되는 일이라면 어느 한 사람만이 할 수 있는 시대가 아니라, 어느 누구라도 할 수 있는 '보통사람들의 시대'가 왔습니다. 한 사람의 뛰어난 재주보다 평범한 상식을 지닌 여러 사람들의 협력을 필요로 하는 '상식의 시대' 입니다. 그것은 또한 나라의 발전이 곧 국민 개개인의 자유, 풍요, 행복으로 이어지는 '복지의 시대' 입니다. 국민 여러분. 오늘 이 거룩한 단상에 저는 국민 여러분과 함께 서 있습니다. 이 자리는 국민 여러분이 만든 자리입니다. 그리고 이 자리에 제가 서 있는 것은 국민 여러분의 명에 따른 것입니다. 그러므로 이 자리와 이 자리에 서 있는 저는 국민 여러분들로부터 별개일 수가 없습니다. 이러한 점을 가슴에 깊이 새기면서 저는 오로지 국민과 함께 호흡하고 국민과 함께 생각하는 대통령이 되기를 다짐합니다. 저는 국민을 일방적으로 이끌어 가는 대통령이 되기를 원하지 않습니다. 그렇다고 이끌려다니는 대통령이 되지도 않을 것입니다. 국민과 어깨를 나란히 하고 꿈과 아픔을 같이 하는 국민의 동행자, 이것이 제가 진실로 추구하는 대통령의 모습입니다. 이제 우리 모두는 '함께 걷는 민주주의'의 출발선상에 서 있습니다. 모두가 오늘 영광스러운 이 단상의 주인으로서 미래에 대한 자신감과 용기를 가지고 씩씩하게 그리고 단란하게 힘찬 전진의 발걸음을 내디딥시다. 그리하여 우리가 언제나 즐겨 부르는 민족의 노래, '희망의 나라로,,, ' 가 그리는 '자유, 평등, 평화, 행복이 가득한 나라'를 향하여 함께 나아갑시다. 국민 여러분. 저와 함께 전진해 나아갑시다. 감사합니다.

14대 김영삼 대통령

친애하는 7천만 국내외 동포 여러분,

노태우 대통령을 비롯한 전직 대통령,

그리고 이 자리에 참석하신 내외 귀빈 여러분.

오늘 우리는 그렇게도 애타게 바라던 문민 민주주의의 시대를 열기 위하여 이 자리에 모였습니다. 오늘을 맞이하기 위해 30년 의 세월 을 기다려야 했습니다.

마침내 국민에 의한, 국민의 정부를 이 땅에 세웠습니다. 오늘 탄생되는 정부는 민주주의에 대한 국민의 불타는 열망과 거룩한 희생으로 이루어졌습니다. 민주주의에 대한 저 자신의 열정과 고난이 배어 있는 이 국회의사당 앞에서 오늘 저는 벅찬 감회를 억누를 길이 없습니다.

우리 국민은 참으로 위대합니다. 저는 국민 여러분들에게 뜨거운 감사와 영광을 드립니다. 또한 험난했던 민주화의 도정에서 오늘을 보지 못하고, 애석하게 먼저 가신 분들의 숭고한 희생 앞에 국민과 더불어 머리를 숙입니다.

국민 여러분.

저는 14대 대통령 취임에 즈음하여, 새로운 조국건설에 대한 시대적 소명을 온몸으로 느끼고 있습니다. 지금 이 땅은 지층 깊은 곳으로부터 봄기운이 약동하고 있습니다.

지난날 우리 민족에게는 번성했던 여름도, 움츠렸던 겨울도 있었습니다. 그러나 이제 민족진운의 새봄이 열리고 있습니다. 우리에게 새로운 결단, 새로운 출발을 요구하고 있습니다.

저는 신한국 창조의 꿈을 가슴 깊이 품고 있습니다.

신한국은 보다 자유롭고 성숙한 민주사회입니다. 정의가 강물처럼 흐르는 사회입니다. 더불어 풍요롭게 사는 공동체입니다. 문화의 삶, 인간의 품위가 존중되는 나라입니다. 갈라진 민족이 하나되어 평화롭게 사는 통일조국입니다.

새로운 문명의 중심에 우뚝 서서, 세계의 평화와 인류의 진보에 기여하는 나라입니다. 누구나 신바람나게 일할 수 있는 사회, 우리 후손들이 이 땅에 태어난 것을 자랑으로 여길 수 있는 나라, 그것이 바로 신한국입니다. 우리 모두 이 꿈을 가집시다.

 우리는 일찍이 식민지와 전쟁의 폐허에서 기적을 이루어 낸 민족입니다. 우리 다시 세계를 향해 힘차게 웅비해 나갑시다.

 친애하는 국민 여러분.
 그러나 우리를 둘러싸고 있는 여건은 우리에게 결코 유리하지만은 않습니다. 냉전시대의 종식과 함께 세계는 실리에 따라 적과 동지가 뒤바뀌고 있습니다. 바야흐로 경제전쟁, 기술전쟁의 시대로 접어들었습니다.

 변화하는 세계에 제대로 대처하지 못한다면, 우리는 선진국의 문턱에서 주저앉고 말 것입니다. 도약하지 않으면 낙오할 것입니다. 그것은 엄숙한 민족생존의 문제입니다.

 우리는 신한국을 향해 달릴 수 있는 체력을 가다듬어야

합니다. 그런데 지금 우리는 병을 앓고 있습니다. 한국병을 앓고 있습니다.

한때 세계인의 부러움을 샀던 우리의 근면성과 창의성은 사라지고 있습니다. 전도된 가치관으로 우리 사회는 흔들리고 있습니다.

언제부터인가 우리 국민은 자신감을 잃고 있습니다. 바로 이것이 문제입니다.

우리에게 위기가 있다면 그것은 외부의 도전에서 오는 것이 아니라, 바로 우리 안에 번지고 있는 이 정신적 패배주의입니다.

이대로는 안됩니다. 새로워져야 합니다. 좌절과 침체를 딛고 용기와 희망의 시대를 열어야 합니다.

폐쇄와 경직에서 개방과 활력의 시대로, 갈등과 대립에서 대화와 협력의 시대로 바꾸어야 합니다.

불신의 사회에서 신뢰의 사회로, 나만을 앞세우는 사회

에서 더불어 사는 사회로 나아가야 합니다.

 이것이 제가 말하는 변화와 개혁의 방향입니다.

 제도만이 아니라 우리의 의식과 행동양식까지도 바꾸어야 합니다. 우리가 변화와 개혁을 회피한다면, 우리는 역사로부터 외면당할 것입니다.

 친애하는 국민 여러분.

 개혁은 먼저 세 가지 당면과제의 실천으로부터 시작해야 합니다.

 첫째는 부정부패의 척결입니다.
 둘째는 경제를 살리는 일입니다.
 셋째는 국가기강을 바로 잡는 일입니다.

 우리 사회의 부정부패는 안으로 나라를 좀먹는 가장 무서운 적입니다. 부정부패의 척결에는 성역이 있을 수 없습니다.

결코 성역은 없을 것입니다. 단호하게 끊을 것은 끊고, 도려낼 것은 도려내야 합니다.

 이제 곧 위로부터의 개혁이 시작될 것입니다.

 그러나 국민 모두가 스스로 깨끗해지려는 노력 없이 부정부패는 근절되지 않습니다.

 깨끗한 사회의 실현은 국민 여러분의 손에 의해서만 완성될 수 있습니다.

 다음으로 우리는 경제의 활력을 되찾아야 합니다. 그것을 위해서 정부는 규제와 보호 대신에 자율과 경쟁을 보장할 것입니다. 민간의 창의를 존중할 것입니다. 정부가 먼저 허리띠를 졸라맬 것입니다.

 국민은 더 절약하고 더 저축해야 합니다. 사치와 낭비는 추방돼야 합니다.

 근로자는 더 열심히 땀 흘려 일해야 합니다.

기업은 대담한 기술혁신으로 국제경쟁에서 이겨야 합니다.

 정부와 국민, 근로자와 기업, 모두가 신바람나게 일함으로써만 우리는 경제를 살릴 수 있습니다.
 이것이 제가 주창하는 신경제입니다.

 국민 여러분.

 흐트러지고 있는 국가기강을 다시 세워야 합니다.
 부정한 수단으로 권력이 생길 때, 국가의 정통성이 유린되고 법질서가 무너지게 됩니다. 목적을 위해서 절차가 무시되는 편법주의가 판을 치게 됩니다.

 이 땅에 다시는 정치적 밤은 없을 것입니다.

 또 우리 사회에 있어야 할 권위를 다시 찾아야 합니다.

 우리의 자유는 공동체를 위한 자유여야 합니다. 백범 선생의 말처럼 공원의 꽃을 꺾는 자유가 아니라 꽃을 심는 자유여야 합니다.

땅에 떨어진 도덕을 일으켜 세워야 합니다.

이런 점에서 오늘의 교육은 미래를 준비하는 과학기술교육과 함께 사람다운 사람, 민주시민을 양성하는 인간교육이어야 합니다.

이것이 바로 신교육입니다.

국민 여러분.
오늘부터 정부가 달라질 것입니다.

이제 청와대는 국민의 생명과 재산을 보호하고, 국가의 안전과 번영을 위해 밤낮을 가리지 않고 일하는 일터가 될 것입니다.

청와대는 바로 국민 여러분의 친근한 이웃이 될 것입니다.

저는 국민이 일하는 현장, 기쁨과 고통이 있는 현장에 함께 있을 것입니다. 국민과 함께 기뻐하고, 함께 아파할 것입니다.

기쁨은 나눌수록 커지고, 고통은 나눌수록 작아지기 때문입니다.

정치 역시 달라져야 합니다.

정치를 위한 정치가 아니라 국민에게 희망과 행복을 안겨 주는 생활정치여야 합니다. 국민의 불편을 덜어 주는 정치, 국민의 작은 소리에 귀를 기울이는 정치가 필요합니다.
이렇게 정부가 달라지고, 정치가 달라질 때, 변화와 개혁을 통한 살아 있는 안정이 이 땅에 자리잡게 될 것입니다.

국민 여러분.

정의와 화해로 새시대의 문을 활짝 열어 나갑시다.

지난날 우리는 계층으로 찢기우고, 지역으로 대립되고, 세대로 갈라지고, 이념으로 분열되었습니다.
우리 안에 있는 벽은 허물어야 합니다. 한은 풀어야만 합니다.

우리 사회에는 그늘 속에 살아온 사람들이 너무 많습니다. 그들은 위로받아야 합니다.

 많이 가진 사람은 더 많이 양보해야 합니다. 힘있는 사람은 더 큰 것을 양보해야 합니다.

 너무나 성급하게 내 몫만을 요구하지 맙시다. 먼저 우리 공동체 전체를 생각합시다.
 그리고 우리가 더 많은 몫을 갖기 위하여 더 큰 떡을 만듭시다.

 7천만 국내외 동포 여러분.

 저는 역사와 민족이 저에게 맡겨준 책무를 다하여 민족의 화해와 통일에 전심전력을 다하겠습니다.

 그러나 이 시점에서 우리에게 필요한 것은 감상적인 통일 지상주의가 아닙니다. 통일에 대한 국민적 합의입니다.
 김일성 주석에게 말합니다. 우리는 진심으로 서로 협력할 자세를 갖추지 않으면 안 됩니다. 세계는 대결이 아니라 평화와 협력의 시대로 나아가고 있습니다.

다른 민족과 국가 사이에도 다양한 협력이 이루어지고 있습니다.

 그러나 어느 동맹국도 민족보다 더 나을 수는 없습니다.

 어떤 이념이나 어떤 사상도 민족보다 더 큰 행복을 가져다주지 못합니다.

 김 주석이 참으로 민족을 더 중요하게 생각한다면, 그리고 남북한 동포의 진정한 화해와 통일을 원한다면, 이를 논의하기 위해 우리는 언제 어디서라도 만날 수 있습니다.

 따뜻한 봄날 한라산 기슭에서도 좋고, 여름날 백두산 천지 못가에서도 좋습니다. 거기서 가슴을 터놓고 민족의 장래를 의논해 봅시다.

 그때 우리는 같은 민족이라는 원점에 서서 모든 문제를 풀어나갈 수 있을 것입니다.

 세계 도처에서 민족의 궁지를 지키며 살아가고 있는 5백만 해외 동포 여러분, 금세기 안에 조국은 통일되어, 자유와 평화의 고향땅이 될 것입니다.
 우리 모두 국내외에서 힘을 합하여 세계 속에서 역할과 책임을 다하는 자랑스런 한민족 시대를 열어 나갑시다.

 국민 여러분.
 신한국의 창조는 누가 해주는 것이 아닙니다. 우리 모두가 하는 것입니다.

 오늘 이 자리에는 많은 신 한국인이 참석했습니다.

 땀흘려 일하는 근로자, 새로운 작물로 소득을 올리는 농민, 열심히 공부하는 학생, 연구에 몰두하는 과학도, 시장 개척에 동분서주하는 회사원, 신제품 개발에 성공한 중소기업인, 그리고 밤새워 나라를 지키는 군인들이 바로 그들입니다.

 이 자리에는 또 묵묵히 국민에게 봉사하는 공직자도 있습니다.

 자기 분야에서 최선을 다하는 이들이야말로 신한국 창조의 주역이요 주인입니다.

특히 이 땅의 젊은이 여러분.

세계를, 그리고 미래를 바라봅시다. 방관에서 참여로, 비난에서 창조의 길로 나갑시다.
미래는 여러분의 것이며, 신한국은 바로 여러분의 세상입니다.

국민 여러분.

우리 모두 미래에 대한 꿈과 희망을 가집시다. 신한국을 창조합시다.

신한국의 창조는 대통령 한 사람이나 정부의 힘만으로 이룩될 수 없습니다.

신한국으로 가는 길에는 너와 내가 없습니다. 오직 우리만이 있을 뿐입니다. 모두 함께 해야 합니다.

그러나 신한국은 하루아침에 이루어지지 않습니다.

인내와 시간이 필요합니다. 눈물과 땀이 필요합니다. 고통이 따릅니다.

　우리 다 함께 고통을 분담합시다.

　우리는 해낼 수 있습니다. 반드시 해내야만 합니다.

　자, 우리 모두 희망과 꿈을 안고 새롭게 출발합시다.

　한 사람의 낙오자도 없이 힘차게 함께 달려갑시다.

　감사합니다.

15대 김대중 대통령

존경하고 사랑하는 국민 여러분!

오늘 저는 대한민국 제15대 대통령에 취임하게 되었습니다. 정부수립 50년만에 처음 이루어진 여야간 정권교체를 여러분과 함께 기뻐하면서, 온갖 시련과 장벽을 넘어 진정한 '국민의 정부'를 탄생시킨 국민 여러분께 찬양과 감사의 말씀을 드리는 바입니다.

그리고 저의 취임을 축하하기 위해 이 자리에 함께 해주신 김영삼 전임 대통령, 폰 바이체커 독일 전 대통령, 코라손 아키노 필리핀 전 대통령, 후안 안토니오 사마란치 IOC위원장 등 내외 귀빈을 비롯한 참석자 여러분께도 깊이 감사드립니다.

오늘 이 취임식의 역사적인 의미는 참으로 크다고 할 것입니다. 오늘은 이 땅에서 처음으로 민주적 정권교체가 실현되는 자랑스러운 날입니다. 또한 민주주의와 경제를 동시에 발전시키려는 정부가 마침내 탄생하는 역사적인 날이기도 합니다.

이 정부는 국민의 힘에 의해 이루어진 참된 '국민의 정부' 입니다. 모든 영광과 축복을 국민 여러분께 드리면서, 제 몸과 마음을 다 바쳐 봉사할 것을 굳게 다짐하는 바입니다.

 친애하는 국민 여러분!

 우리는 3년 후면 새로운 세기를 맞게 됩니다. 21세기의 개막은 단순히 한 세기가 바뀌는 것만이 아니라, 새로운 혁명의 시작을 말합니다. 지구상에 인간이 탄생한 인간혁명으로부터 농업혁명, 도시혁명, 사상혁명, 산업혁명의 5대 혁명을 거쳐 인류는 이제 새로운 혁명의 시대로 들어서고 있는 것입니다.

 세계는 지금, 유형의 자원이 경제발전의 요소였던 산업사회로부터, 무형의 지식과 정보가 경제발전의 원동력이 되는 지식정보사회로 나아가고 있습니다.

 정보화 혁명은 세계를 하나의 지구촌으로 만들어, 국민경제시대로부터 세계경제시대로의 전환을 이끌고 있습니다. 정보화 시대는 누구나, 언제나, 어디서나, 손쉽고 값싸게 정보를 얻고 이용할 수 있는 시대를 말합니다. 이는 민주사회에서만 가능합니다.

 우리는 이와 같은 문명사적 대전환기를 맞아 새로운 도전에 전력을 다하여 능동적으로 대응해야 합니다. 그러나 불행하게도 이 중차대한 시기에 우리에게는 6.25이후 최대의 국난이라고 할 수 있는 외환위기가 닥쳐왔습니다.

 잘못하다가는 나라가 파산할지도 모를 위기에 우리는 당면해 있습니다. 막대한 부채를 안고, 매일같이 밀려오는 만기외채를 막는데 급급하고 있습니다.

 참으로 어이없는 일이 아닐 수 없습니다. 우리가 이나마 파국을 면하고 있는 것은 애국심으로 뭉친 국민 여러분의 협력과 국제통화기금, 세계은행, 아시아개발은행, 그리고 미국, 일본, 캐나다, 호주, EU국가 등 우방들의 도움 덕택입니다.

 올 한 해 동안 물가는 오르고, 실업은 늘어날 것입니다. 소득은 떨어지고, 기업의 도산은 속출할 것입니다. 우리 모두는 지금 땀과 눈물을 요구받고 있습니다.

도대체 우리가 어찌해서 이렇게 되었는지 냉정하게 돌이켜 봐야 합니다. 정치, 경제, 금융을 이끌어온 지도자들이 정경유착과 관치금융에 물들지 않았던들, 그리고 대기업들이 경쟁력없는 기업들을 문어발처럼 거느리지 않았던들, 이러한 불행한 일은 일어나지 않았을 것입니다.

잘못은 지도층들이 저질러놓고 고통은 죄없는 국민이 당하는 것을 생각할 때 한없는 아픔과 울분을 금할 수 없습니다. 이러한 파탄의 책임은 국민 앞에 마땅히 밝혀져야 할 것입니다.

존경하는 국민 여러분!

오늘의 어려움 속에서도 국민 여러분께서는 놀라운 애국심과 저력을 발휘하셨습니다. 우리는 IMF시대의 충격 속에서도 여야간 평화적 정권교체의 위업을 이룩하였습니다.

국민 여러분은 나라의 위기를 극복하기 위해 '금 모으기'에 나섰고 이미 20억 달러가 넘는 금을 모아 주셨습니다. 저는 황금보다 더 귀중한 국민 여러분의 애국심을 한없이 자랑스럽게 생각합니다. 여러분 감사합니다.

한편 우리 근로자들은 자기 생활의 어려움도 무릅쓰고 자발적으로 임금을 동결하는 등 고통분담에 동참하고 있습니다. 기업은 수출에 전력을 다함으로써 지난 3개월간 연속해서 큰 규모의 경상수지 흑자를 내고 있습니다. 이러한 한국인의 애국심과 저력에 대해 세계가 경탄하고 있습니다.

노동자와 사용자 그리고 정부는 대화를 통한 대타협으로 국난극복의 주춧돌을 놓았습니다. 이 얼마나 자랑스러운 일입니까. 저는 이 일을 이루어낸 노사정 대표여러분께 국민과 함께 큰 박수를 보내고 싶습니다.

국회의 다수당인 야당 여러분에게 간절히 부탁드립니다. 오늘의 난국은 여러분의 협력 없이는 결코 극복할 수 없습니다. 저도 모든 것을 여러분과 같이 상의하겠습니다. 나라가 벼랑 끝에 서 있는 금년 1년만이라도 저를 도와주셔야 하겠습니다. 저는 온 국민이 이를 바라고 있다고 믿습니다.

친애하는 국민 여러분!

지금 이 나라는 정치, 경제, 사회, 외교, 안보 그리고 남북문제 등 모든 분야에서 좌절과 위기에 처해 있습니다. 이를 극복하기 위해서는 총체적인 개혁이 이루어져야 합니다.

무엇보다 정치개혁이 선행되어야 합니다. 국민이 주인 대접을 받고 주인역할을 하는 참여민주주의가 실현되어야 하겠습니다. 그래야만 국정이 투명하게 되고 부정부패도 사라집니다.
저는 '국민에 의한 정치' '국민이 주인되는 정치'를 국민과 함께 반드시 이루어내겠습니다.

'국민의 정부'는 어떠한 정치보복도 하지 않겠습니다. 어떠한 차별과 특혜도 용납하지 않겠습니다. 다시는 무슨 지역 정권이니 무슨 도(도)차별이니 하는 말이 없도록 하겠다는 것을 굳게 다짐합니다.

정부가 고통분담에 앞장서서 효율적인 정부를 만들겠습니다. 중앙정부에 집중된 권한과 기능을 민간과 지방자치단체에 대폭 이양하겠습니다.

그러나 국민의 생명과 재산을 지키는 데에는 더욱 힘쓰겠습니다. 환경을 보존하고 복지를 증진시키는데 적극 노력하겠습니다.

 '작지만 강력한 정부', 이것이 '국민의 정부'가 지향 하는 목표입니다.

 '국민의 정부'가 당면한 최대의 과제는 우리의 경제적 국난을 극복하고 우리 경제를 재도약시키는 일입니다. '국민의 정부'는 민주주의와 경제발전을 병행시키겠습니다.

 민주주의와 시장경제는 동전의 양면이고 수레의 양바퀴와 같습니다. 결코 분리해서는 성공할 수 없습니다. 민주주의와 시장경제를 다같이 받아들인 나라들은 한결같이 성공했습니다.

 그러나 민주주의를 거부하고 시장경제만 받아들인 나라들은 나치즘 독일과 군국주의 일본에서 보여준 바와 같이 참담한 좌절을 당하고 말았습니다. 이들 나라도 2차대전 후 민주주의와 시장경제를 같이 받아들여 오늘과 같은 자유와 번영을 누리게 되었습니다.

 민주주의와 시장경제가 조화를 이루면서 함께 발전하게 되면 정경유착이나, 관치금융, 그리고 부정부패는 일어날 수 없습니다.

 저는 우리가 겪고 있는 오늘의 위기는, 민주주의와 시장경제를 병행해서 실천함으로써 극복할 수 있다고 확신합니다.
 경제를 살리기 위해서는 먼저 물가를 잡아야 합니다. 물가안정 없이는 어떠한 경제정책도 성공할 수 없습니다. 대기업과 중소기업을 똑같이 중시하되, 대기업은 자율성 을 보장하고 중소기업은 집중적으로 지원함으로써 양자가 다같이 발전해나가도록 하겠습니다.

 또한 철저한 경쟁의 원리를 지켜나갈 것입니다. 세계에서 가장 품질 좋고 가장 값싼 상품을 만들어 외화를 많이 벌어들이는 기업인이 존경받는 나라를 만들겠습니다.

 기술입국의 소신을 가지고, 21세기 첨단산업시대에 기술강국으로 등장할 수 있는 정책을 과감히 추진해 나가겠습니다.

 벤처기업은 새로운 세기의 꽃입니다. 이를 적극 육성 하여 고부가가치의 제품을 만들어 경제를 비약적으로 발전시켜야 합니다. 벤처기업은 많은 일자리를 창출해서 실업문제를 해소하는데도 크게 이바지할 것입니다.

 '국민의 정부'가 대기업과 이미 합의한 5대 개혁, 즉 기업의 투명성, 상호지급보증의 금지, 건전한 재무구조, 핵심기업의 설정과 중소기업에 대한 협력, 그리고 지배주주와 경영자의 책임성 확립은 반드시 관철될 것입니다.

 이것만이 기업이 살고 우리 경제가 다시 도약할 수 있는 길입니다. 정부는 기업의 자율성을 철저히 보장하겠습니다. 그러나 기업의 자기개혁 노력도 엄격히 요구할 것입니다.

 '국민의 정부'는 수출 못지않게 외국자본의 투자유치에 힘쓰겠습니다. 외자유치야말로 외채를 갚고, 국내기업들의 경쟁력을 강화하며, 우리 경제의 투명성을 높이는 가장 효과적인 길입니다.

농업을 중시하고 특히 쌀의 자급자족은 반드시 실현 시켜야 합니다. 농어가 부채경감, 재해보상, 농축수산물 가격의 보장, 그리고 농촌 교육여건의 우선적 개선 등 농어민의 소득과 복지를 향상시키기 위한 정책을 강력히 추진하겠습니다.

애국심과 의욕에 충만한 자랑스러운 국민 여러분과 같이 올바른 경제개혁을 추진해 나간다면, 우리 경제는 오늘의 난국을 반드시 극복하고 내년 후반부터는 새로운 활로를 개척해나갈 수 있다고 저는 확실히 믿어 의심치 않습니다.

친애하는 국민 여러분!

저를 믿고 적극 도와주십시오. 국민 여러분의 기대에 반드시 부응해내겠습니다.

국민 여러분! 건강한 사회를 위한 정신의 혁명이 필요합니다. 인간이 존중되고 정의가 최고의 가치로 강조되는 정신혁명 말입니다. 바르게 산 사람이 성공하고 그렇지 못한 사람은 실패하는 그런 사회가 반드시 이루어져야 합니다.

고통도 보람도 같이 나누고, 기쁨도 함께 해야 합니다. 땀도 같이 흘리고 열매도 함께 거둬야 합니다.

저는 이러한 정신혁명과 바른 사회의 구현에 모든 것을 바쳐 앞장서겠습니다.

노인이나 장애인들도 일할 능력이 있는 사람에게는 일을 주고 그렇지 못한 사람은 따뜻하게 감싸주어야 합니다. 저는 소외된 사람들의 눈물을 닦아주고 한숨짓는 사람에게 용기를 북돋아주는 그런 '국민의 대통령'이 되겠습니다.

우리 민족은 높은 교육수준과 찬란한 문화적 전통을 가진 민족입니다. 우리 민족은 21세기의 정보화사회에 큰 저력을 발휘할 수 있는 우수한 민족입니다. 새 정부는 우리의 자라나는 세대가 지식정보사회의 주역이 되도록 힘쓰겠습니다. 초등학교부터 컴퓨터를 가르치고 대학입시에서도 컴퓨터 과목을 선택할 수 있도록 하겠습니다. 세계에서 컴퓨터를 가장 잘 쓰는 나라를 만들어 정보대국의 토대를 튼튼히 닦아나가겠습니다.

교육개혁은 오늘날 우리 사회가 안고 있는 산적한 문제

를 해결하는 핵심적인 과제입니다. 대학입시제도를 획기적으로 개혁하고 능력위주의 사회를 만들겠습니다. 청소년들은 과외로부터 해방되고, 학부모들은 과중한 사교육비로부터 벗어나게 하겠습니다. 지식과 인격과 체력을 똑같이 중요시하는 지, 덕, 체의 전인교육을 실현시키겠습니다.

이러한 교육개혁은 만난을 무릅쓰고라도 반드시 성취하겠다는 것을 저는 이 자리를 빌려 굳게 다짐합니다.

우리는 민족문화의 세계화에 힘을 쏟아야 합니다. 우리의 전통문화속에 담겨 있는 높은 문화적 가치를 계승 발전시키겠습니다. 문화산업은 21세기의 기간산업입니다. 관광산업, 회의체산업, 영상산업, 문화적 특산품 등 무한한 시장이 기다리고 있는 부의 보고입니다.

중산층은 나라의 기본입니다. 봉급생활자, 중소기업 그리고 자영업자 등 중산층이 안정되고 행복한 삶을 누릴 수 있도록 최선의 노력을 기울이겠습니다.

'국민의 정부'는 여성의 권익보장과 능력개발을 위해

서 적극 힘쓰겠습니다. 가정에서나 사회에서나 직장에서나 남녀차별의 벽은 제거되어야 합니다.

 청년은 나라의 희망이자 힘입니다. 그들을 위한 교육 과 문화, 그리고 복지의 향상을 위해서 정부는 아낌없는 지원대책을 세워 나가겠습니다.

 친애하는 국민 여러분!
 21세기는 경쟁과 협력의 세기입니다. 세계화 시대의 외교는 냉전시대와는 다른, 발상의 전환을 요구하고 있습니다. 21세기 외교의 중심은 경제와 문화로 옮겨갈 것입니다. 협력 속에 이루어지는 무한경쟁시대를 헤쳐나가기 위해 무역, 투자, 관광, 문화교류를 확대해 나가겠습니다.

 우리의 안보는 자주적 집단안보가 되어야 합니다. 국민적 단결과 사기넘치는 강군을 토대로 자주적 안보태세를 강화하겠습니다. 동시에 한미안보체제를 더욱 굳건히 다지는 등의 집단안보를 결코 소홀히 하지 않겠습니다. 한반도에서의 평화구축을 위해 4자회담을 반드시 성공시 키는 데 적극 노력하겠습니다.
 남북관계는 화해와 협력 그리고 평화정착에 토대를 두

고 발전시켜나가야 합니다.

 분단 반세기가 넘도록 대화와 교류는 커녕 이산가족 이 서로 부모형제의 생사조차 알지 못하는 냉전적 남북관계는 하루빨리 청산되어야 합니다. 1천3백여년간 통일을 유지해온 우리 조상들에 대해서도 한없는 죄책감을 금할 길이 없습니다.
 남북문제 해결의 길은 이미 열려 있습니다. 1991년 12월 13일에 채택된 남북기본합의서의 실천이 바로 그것 입니다. 남북간의 화해와 교류협력과 부가침, 이 세 가지 사항에 대한 완전한 합의가 이미 남북한 당국간에 이루어져 있습니다. 이것을 그대로 실천만 하면 남북문제를 성공 적으로 해결하고 통일에의 대로를 열어나갈 수 있습니다.

 저는 이 자리에서 북한에 대해 당면한 3원칙을 밝히고자 합니다.
 첫째, 어떠한 무력도발도 결코 용납하지 않겠습니다.

 둘째, 우리는 북한을 해치거나 흡수할 생각이 없습니다.

 셋째, 남북간의 화해와 협력을 가능한 분야부터 적극적

으로 추진해 나갈 것입니다.

 남북간에 교류협력이 이루어질 경우, 우리는 북한이 미국, 일본 등 우리의 우방국가나 국제기구와 교류협력을 추진해도 이를 지원할 용의가 있습니다.

 새 정부는 현재와 같은 경제적 어려움에도 불구하고 북한의 경수로 건설과 관련한 약속을 이행할 것입니다. 식량도 정부와 민간이 합리적인 방법을 통해서 지원하는 데 인색하지 않겠습니다.

 저는 북한 당국에게 간곡히 호소합니다. 수많은 이산가족들이 나이들어 차츰 세상을 떠나고 있습니다. 하루빨리 남북의 가족들이 만나고 서로 소식을 전하도록 해야 합니다. 이 점에 관해서 최근 북한이 긍정적인 조짐을 보이고 있는 점을 예의 주목하고 있습니다. 그리고 문화와 학술의 교류, 정경분리에 입각한 경제교류도 확대되기를 희망합니다.

 저는 남북기본합의서에 의한 남북간의 여러 분야에서의 교류가 실현되기를 바랍니다. 우선 남북기본합의서의 이행을 위한 특사의 교환을 제의합니다. 북한이 원한다면 정상회담에도 응할 용의가 있습니다.

새 정부는 해외동포들과의 긴밀한 유대를 강화하고 그들의 권익을 보호하기 위해서 적극적인 노력을 기울일 것입니다. 우리는 해외동포들이 거주국 시민으로서의 권리와 의무를 다하면서 한국계로서 안정과 긍지를 가질 수 있도록 적극 돕겠습니다.

존경하고 사랑하는 국민 여러분!

지금 우리는 전진과 후퇴의 기로에 서 있습니다. 우리를 가로막고 있는 고난을 딛고 힘차게 전진합시다. 국난극복과 재도약의 새로운 시대를 열어갑시다.

반만년 역사가 우리를 지켜보고 있습니다. 조상들의 얼이 우리를 격려하고 있습니다.

민족수난의 굽이마다 불굴의 의지로 나라를 구한 자랑스러운 선조들처럼, 우리 또한 오늘의 고난을 극복하고 내일에의 도약을 실천하는 위대한 역사의 창조자가 됩시다.

오늘의 위기를 전화위복의 계기로 삼읍시다.

 우리 국민은 해낼 수 있습니다. 6.25의 폐허에서 일어선 역사가 그것을 증명합니다. 제가 여러분의 선두에 서 겠습니다. 우리 다같이 손잡고 힘차게 나아갑시다. 국난을 극복합시다. 재도약을 이룩합시다.
 그리하여, 대한민국의 영광을 다시 한번 드높입시다.

 감사합니다.

16대 노무현 대통령

존경하는 국민 여러분.

오늘 저는 대한민국의 제16대 대통령에 취임하기 위해 이 자리에 섰습니다. 국민 여러분의 위대한 선택으로, 저는 대한민국의 새 정부를 운영할 영광스러운 책임을 맡게 되었습니다.

국민 여러분께 뜨거운 감사를 올리면서, 이 벅찬 소명을 국민 여러분과 함께 완수해 나갈 것임을 약속드립니다.

아울러 이 자리에 참석해 주신 김대중 대통령을 비롯한 전임 대통령 여러분, 고이즈미 준이치로 일본 총리를 비롯한 세계 각국의 경축 사절과 내외 귀빈 여러분께도 심심한 감사를 드립니다.

특별히 이 자리를 빌려, 대구 지하철 참사 희생자 여러분의 명복을 빌면서, 유가족 여러분께도 깊은 위로를 드립니다. 다시는 이런 불행이 되풀이되지 않게, 재난관리체계를 전면 점검하고 획기적으로 개선해 안전한 사회를 만들도록 최선을 다하겠습니다.

국민 여러분.

우리의 역사는 도전과 극복의 연속이었습니다. 열강의 틈에 놓인 한반도에서 숱한 고난을 이겨내고, 반만년동안 민족의 자존과 독자적 문화를 지켜왔습니다. 해방 이후에는 분단과 전쟁과 가난을 딛고, 반세기만에 세계 열두 번째의 경제 강국을 건설했습니다.

우리는 농경시대에서 산업화를 거쳐 지식정보화 시대에 성공적으로 진입했습니다. 그러나 지금 우리는 다시 세계사적 전환점에 직면했습니다. 도약이냐 후퇴냐, 평화냐 긴장이냐의 갈림길에 서 있습니다.

세계의 안보 상황이 불안합니다. 이라크 정세가 긴박합니다. 특히 북한 핵 문제를 둘러싼 국제사회의 우려가 고조되고 있습니다. 이럴수록 우리는 평화를 지키고 더욱 굳건히 뿌리내리게 해야 합니다. 대외 경제 환경도 어려워지고 있습니다. 선진국들은 끝없이 새로운 영역을 개척하며 뻗어가고 있습니다. 후발국들은 무섭게 추격해 옵니다. 우리는 새로운 성장 동력과 발전 전략을 요구받고 있습니다. 우리 사회 내부에도 국가의 명운을 결정지을 많은 문제들이 가로놓여 있습니다. 이들 과제는 국민 여러분의 지혜와 결단을 기다리고 있습니다.

이 모든 도전을 극복해야 합니다. 우리는 해낼 수 있습니다. 우리 국민이 힘을 합치면, 못할 것이 없습니다. 그런 저력으로 우리는 외환 위기를 세계에서 가장 빨리 벗어났습니다. 지난해에는 월드컵 4강 신화를 창조했습니다. 대통령 선거의 모든 과정을 통해 참여 민주주의의 꽃을 피웠습니다.

존경하는 국민 여러분.

이제 우리의 미래는 한반도에 갇혀 있을 수 없습니다. 우리 앞에는 동북아 시대가 도래하고 있습니다. 근대 이후 세계의 변방에 머물던 동북아가, 이제 세계 경제의 새로운 활력으로 떠올랐습니다. 21세기는 동북아 시대가 될 것이라는 세계 석학들의 예측이 착착 현실로 나타나고 있습니다. 동북아의 경제규모는 세계의 5분의 1을 차지합니다. 한, 중, 일3국에만 유럽연합의 네 배가 넘는 인구가 살고 있습니다.

 우리 한반도는 동북아의 중심에 자리잡고 있습니다. 한반도는 중국과 일본, 대륙과 해양을 연결하는 다리입니다. 이런 지정학적 위치가 지난날에는 우리에게 고통을 주었습니다. 그러나 오늘날에는 오히려 기회를 주고 있습니다. 21세기 동북아 시대의 중심적 역할을 우리에게 요구하고 있는 것입니다.

 우리는 고급 두뇌와 창의력, 세계일류의 정보화 기반을 갖고 있습니다. 인천공항, 부산항, 광양항과 고속철도 등 하늘과 바다와 땅의 물류기반도 구비해 가고 있습니다. 21세기 동북아 시대를 주도적으로 열어 나갈 수 있는 기본적 조건을 갖추어 가고 있습니다. 한반도는 동북아의 물류와 금융의 중심지로 거듭날 수 있습니다.

 동북아 시대는 경제에서 출발합니다. 동북아에 '번영의 공동체'를 이룩하고 이를 통해 세계의 번영에 기여해야 합니다. 그리고 언젠가는 `평화의 공동체'로 발전해야 합니다. 지금의 유럽연합과 같은 평화와 공생의 질서가 동북아에도 구축되게 하는 것이 저의 오랜 꿈입니다. 그렇게 되어야 동북아 시대는 완성됩니다. 그런 날이 가까워지도록 저는 혼신의 노력을 다할 것임을 굳게 약속드립니다.

국민 여러분.

진정한 동북아 시대를 열자면 먼저 한반도에 평화가 제도적으로 정착되어야 합니다. 한반도가 지구상의 마지막 냉전지대로 남은 것은 20세기의 불행한 유산입니다. 그런 한반도가 21세기에는 세계를 향해 평화를 발신하는 평화지대로 바뀌어야 합니다. 유라시아 대륙과 태평양을 잇는 동북아의 평화로운 관문으로 새롭게 태어나야 합니다. 부산에서 파리행 기차표를 사서 평양, 신의주, 중국, 몽골, 러시아를 거쳐 유럽의 한복판에 도착하는 날을 앞당겨야 합니다.

이제까지 우리는 한반도의 평화를 증진시키기 위해 많은 노력을 기울였습니다. 그 성과는 괄목할 만합니다. 남북한 사이에 사람과 물자의 교류가 일상적인 일처럼 빈번해졌습니다. 하늘과 바다와 땅의 길이 모두 열렸습니다. 그러나 정책의 추진 과정에서는 더욱 광범위한 국민적 합의를 얻어야 한다는 과제를 남겼습니다. 저는 그동안의 성과를 계승하고 발전시키면서, 정책의 추진방식은 개선해 나가고자 합니다.

저는 한반도 평화증진과 공동번영을 목표로 하는 '평화번영정책'을, 몇가지 원칙을 가지고 추진해 나가겠습니다.

첫째, 모든 현안은 대화를 통해 풀도록 하겠습니다.

둘째, 상호신뢰를 우선하고 호혜주의를 실천해 나가겠습니다.

셋째, 남북 당사자 원칙에 기초해 원활한 국제협력을 추구하겠습니다.

넷째, 대내외적 투명성을 높이고 국민참여를 확대하며 초당적 협력을 얻겠습니다. 국민과 함께하는 '평화번영정책'이 되도록 하겠습니다.

북한의 핵무기 개발 의혹은 한반도를 비롯한 동북아와 세계의 평화에 중대한 위협이 되고 있습니다. 북한의 핵

개발은 용인될 수 없습니다. 북한은 핵 개발 계획을 포기해야 합니다. 북한이 핵 개발 계획을 포기한다면, 국제사회는 북한이 원하는 많은 것을 제공할 것입니다. 북한은 핵무기를 보유할 것인지, 체제안전과 경제지원을 약속받을 것인지를 선택해야 합니다.

아울러 저는 북한 핵 문제가 대화를 통해 평화적으로 해결되어야한다는 점을 거듭 강조하고자 합니다. 어떤 형태로든 군사적 긴장이 고조되어서는 안 됩니다. 북한 핵 문제가 대화를 통해 해결되도록, 우리는 미국, 일본과의 공조를 강화할 것입니다. 중국, 러시아, 유럽연합 등과도 긴밀하게 협력해 나가겠습니다.

올해는 한미동맹 50주년입니다. 한미동맹은 우리의 안전보장과 경제발전에 크게 기여해 왔습니다. 우리 국민은 이에 대해 깊이 감사하고 있습니다. 우리는 한미동맹을 소중히 발전시켜 나갈 것입니다. 호혜평등의 관계로 더욱 성숙시켜 나갈 것입니다. 전통우방을 비롯한 다른 국가들과의 관계도 확대해 나가겠습니다.

국민 여러분.

동북아 시대를 열고, 한반도에 평화를 정착시키려면, 우리 사회가 건강하고 미래지향적이어야 합니다. 힘과 비전을 가져야 합니다. 그러자면 개혁과 통합을 위한 지속적 노력이 필요합니다. 개혁은 성장의 동력이고, 통합은 도약의 디딤돌입니다.

 새 정부는 개혁과 통합을 바탕으로, 국민과 함께 하는 민주주의, 더불어 사는 균형발전사회, 평화와 번영의 동북아시대를 열어 나갈 것입니다. 이러한 목표로 가기 위해 저는 원칙과 신뢰, 공정과 투명, 대화와 타협, 분권과 자율을 새 정부 국정운영의 좌표로 삼고자 합니다.

 우리는 각 분야의 새로운 성장 동력을 창출해야 합니다. 외환위기를 초래했던 제반 요인들은 아직도 극복해야할 과제로 남아 있습니다. 시장과 제도를 세계기준에 맞게 공정하고 투명하게 개혁해, 기업하기 좋은 나라, 투자하고 싶은 나라로 만들고자 합니다.

 정치부터 바뀌어야 합니다. 진정으로 국민이 주인인 정치가 구현되어야 합니다. 당리당략보다 국리민복을 우선하는 정치풍토가 조성되어야 합니다. 대결과 갈등이 아니라 대화와 타협으로 문제를 푸는 정치문화가 자리잡았으면 합니다. 저부터 야당과 대화하고 타협하겠습니다.

과학기술을 부단히 혁신해 '제2의 과학기술 입국'을 이루겠습니다. 지식정보화 기반을 지속적으로 확충하고 신산업을 육성하고자 합니다. 문화를 함양하고 문화산업의 발전도 적극 지원하겠습니다.

이러한 국가목표에 부응할 수 있도록 교육도 혁신되어야 합니다. 우리 아이들이 입시지옥에서 벗어나 저마다의 소질과 창의력을 마음껏 발휘할 수 있게 해주어야 합니다.

경제의 지속적 성장을 위해서도, 사회의 건강을 위해서도 부정부패를 없애야 합니다. 이를 위한 구조적 제도적 대안을 모색하겠습니다. 특히 사회지도층의 뼈를 깎는 성찰을 요망합니다.

중앙 집권과 수도권 집중은 국가의 미래를 위해 더 이상 방치할 수 없습니다. 지방분권과 국가균형발전은 미룰 수 없는 과제가 되었습니다. 중앙과 지방은 조화와 균형을 이루며 발전해야 합니다. 지방은 자신의 미래를 자율적으로 설계하고, 중앙은 이를 도와야 합니다. 저는 비상한 결의로 이를 추진해 나갈 것입니다.

 국민통합은 이 시대의 가장 중요한 숙제입니다. 지역구도를 완화하기 위해 새 정부는 지역탕평 인사를 포함한 가능한 모든 조치를 취해 나갈 것입니다. 소득격차를 비롯한 계층간 격차를 좁히기 위해 교육과 세제 등의 개선을 강구하고자 합니다. 노사화합과 협력의 문화를 이루도록 노사 여러분과 함께 최선을 다하겠습니다.

 노약자를 비롯한 소외받는 사람들에게 더 많은 관심을 기울이는 따뜻한 사회를 만들어야 합니다. 이를 위해 복지정책을 내실화하고자 합니다. 모든 종류의 불합리한 차별을 없애 나가겠습니다. 양성평등사회를 지향해 나가겠습니다. 개방화 시대를 맞아 농어업과 농어민을 위한 대책을 강구하겠습니다. 고령사회의 도래에 대한 준비에도 소홀함이 없도록 하겠습니다.
 반칙과 특권이 용납되는 시대는 이제 끝나야 합니다. 정의가 패배하고 기회주의자가 득세하는 굴절된 풍토는 청산되어야 합니다. 원칙을 바로 세워 신뢰사회를 만듭시다. 정정당당하게 노력하는 사람이 성공하는 사회로 나아갑시다. 정직하고 성실한 대다수 국민이 보람을 느끼게 해드

려야 합니다.

 존경하는 국민 여러분.

 오랜 세월동안 우리는 변방의 역사를 살아왔습니다. 때로는 자신의 운명을 스스로 결정하지 못하는 의존의 역사를 강요받기도 했습니다. 그러나 이제 우리는 새로운 전기를 맞았습니다. 21세기 동북아 시대의 중심국가로 웅비할 기회가 우리에게 찾아 왔습니다. 우리는 이 기회를 살려 나가야 합니다.

 우리에게는 수많은 도전을 극복한 저력이 있습니다. 위기마저도 기회로 만드는 지혜가 있습니다. 그런 지혜와 저력으로 오늘 우리에게 닥친 도전을 극복합시다. 오늘 우리가 선조들을 기리는 것처럼, 먼 훗날 후손들이 오늘의 우리를 자랑스러운 조상으로 기억하게 합시다.
 우리는 마음만 합치면 기적을 이루어 내는 국민입니다. 우리 모두 마음을 모읍시다. 평화와 번영과 도약의 새 역사를 만드는 이 위대한 도정에 모두 동참합시다. 항상 국민 여러분과 함께 하겠습니다.

감사합니다.

17대 이명박 대통령

존경하는 국민 여러분!

700만 해외동포 여러분!

 이 자리에 참석하신 노무현 · 김대중 · 김영삼 · 전두환 전 대통령, 그리고 이슬람 카리모프 우즈베키스탄 대통령, 엥흐바야르 남바르 몽골 대통령, 삼덱 훈센 캄보디아 총리, 후쿠다 야스오 일본 내각 총리대신, 빅토르 주브코프 러시아 연방 총리, 무하마드 유수프 칼라 인도네시아 부통령을 비롯한 각국 경축사절과 내외 귀빈 여러분, 감사합니다.
 저는 오늘 국민 여러분의 부름을 받고 대한민국의 제17대 대통령에 취임합니다. 한없이 자랑스러운 나라, 한없이 위대한 국민 앞에 엄숙한 마음으로 경의를 표하며 제게 주어진 역사적 · 시대적 사명에 신명을 바칠 것을 굳게 다짐합니다.

저는 이 자리에서 국민 여러분께 약속드립니다. 국민을 섬겨 나라를 편안하게 하겠습니다. 경제를 발전시키고 사회를 통합하겠습니다. 문화를 창달하고 과학기술을 발전시키겠습니다. 안보를 튼튼히 하고 평화 통일의 기반을 다지겠습니다. 국제사회에 책임을 다하고 인류공영에 이바지하겠습니다.

 올해로 대한민국 건국 60주년을 맞이합니다. 우리는 잃었던 땅을 되찾아 나라를 세웠고, 그 나라를 지키려고 목숨을 걸었습니다. 모두가 하나같이 열심히 살았습니다. 그리하여 세계 역사상 최단 기간에 산업화와 민주화라는 과업을 동시에 이루어 내었습니다. 오로지 우리의 의지와 우리의 힘으로 일구었습니다.

 지구 상에서 가장 가난했던 나라가 세계 10위권의 경제대국이 되었습니다. 도움을 받는 나라에서 베푸는 나라로 올라섰습니다. 이제 선진국들과 어깨를 나란히 할 수 있게 되었습니다. 남들은 이것을 '기적'이라고 부릅니다. '신화'라고도 합니다.

그러나 우리는 알고 있습니다. 그것은 기적이 아니라 우리가 다 함께 흘린 피와 땀과 눈물의 결정입니다. 그것은 신화가 아니라, 우리가 살아온 진실한 삶의 이야기입니다. 독립을 위해 목숨을 바친 선열들, 전선에서 산화한 장병들, 뙤약볕과 비바람 속에 땅을 일군 농민들, 밤낮없이 산업현장을 지켜 낸 근로자들, 젊음을 바쳐 민주화를 일구어 낸 청년들의 눈물겹도록 위대한 이야기입니다.

 장롱 속 금붙이를 들고나와 외환위기에 맞섰던 시민들, 겨울 바닷가에서 기름을 걷고 닦는 자원봉사자들, 그리고 사회 각 영역에서 맡은 바 임무를 묵묵히 수행해 온 수많은 직장인과 공직자들, 이들 모두가 대한민국 성공신화의 주역들입니다.
 이제 우리는 이런 이야기를 내놓고 할 수 있게 되었습니다. 감사하는 마음으로, 그러나 떳떳이 하는 이야기입니다. 이 자부심이 미래를 여는 대한민국의 힘입니다. 이제 저는 여러분과 함께 자신감을 가지고 미래로 가는 길을 찾아 열어 가고자 합니다. 과거의 굴레에서 벗어나 현실의 제약을 여유롭게 바라보면서 미래의 가능성을 향해 함께 전진하고자 합니다.

존경하는 국민 여러분!

 저는 대한민국 대통령으로서 새로운 60년을 시작하는 첫해인 2008년을 대한민국 선진화의 원년으로 선포합니다. 산업화와 민주화의 결실을 소중하게 가꾸고 각자가 스스로 자기 몫을 다하며, 공공의 복리를 위해 협력하는 사회, 풍요와 배려와 품격이 넘치는 나라를 향한 장엄한 출발을 선언합니다. 지난 10년, 더러는 멈칫거리고 좌절하기도 했지만 이제 성취의 기쁨은 물론 실패의 아픔까지도 자산으로 삼아 우리는 다시 시작할 것입니다.

 우리는 '이념의 시대'를 넘어 '실용의 시대'로 나가야 합니다. 실용정신은 동서양의 역사를 관통하는 합리적 원리이자 세계화 물결을 헤쳐나가는 데 유효한 실천적 지혜입니다. 인간과 자연, 물질과 정신, 개인과 공동체가 건강하고 아름답게 어우러지는 삶을 구현하는 시대정신입니다. 대한민국의 선진화를 이룩하는 데 너와 내가 따로 없고, 우리와 그들의 차별이 없습니다. 협력과 조화를 향한 실용정신으로 계층 갈등을 녹이고 강경 투쟁을 풀고자 합니다. 정부가 국민을 지성으로 섬기는 나라, 경제가 활기차게 돌아가고 노사가 한마음 되어 소수와 약자를 따뜻이 배려하는 나라, 훌륭한 인재를 길러 세계로 보내고 세계의 인재를 불러들이는 나라, 바로 제가 그리는 대한민국의 모습입니다. 이명박정부가 이룩하고자 하는 선진일류국가의 꿈입니다. 기적은 계속될 것입니다. 신화는 이어질 것입니다. 세계를 놀라게 한 발전의 엔진에 다시 불을 붙여 더욱 힘차게 돌아가게 하겠습니다. 제가 앞장서고 국민 여러분이 하나 되어 나서면 우리는 반드시 해낼 수 있습니다.

존경하는 국민 여러분!

이 시점에서 우리 함께 다짐해야 할 것이 있습니다. 급변하는 시대 흐름을 냉철하게 인식하고 스스로 변해야 한다는 각오를 새로이 하는 일입니다. 우리가 방심하는 사이 세계는 우리를 저만치 앞질러 가고 있습니다. 후발국들도 바짝 추격해오고 있습니다. 국가경쟁력은 떨어지고 자원과 금융시장의 불안이 우리 경제를 위협하고 있습니다. 국내 사정도 쉽지만은 않습니다. 중산층은 위축되고 서민 생활은 어려워졌습니다. 계층 간, 집단 간의 관계는 여전히 갈등과 투쟁의 늪에 빠져 있습니다. 시민사회는 양적으로 성장했지만, 권리 주장이 책임의식을 앞지르고 있습니다. 저출산·고령화 사회가 오고 있습니다. 분단국으로서 지고 있는 짐도 무겁습니다.

다음 60년의 국운을 좌우할 갈림길에서, 이 역사적 고비를 너끈히 넘어가기 위해서 저는 국민 여러분이 더 적극적으로 변화에 나서 주실 것을 요청합니다. 변화를 소홀히 하면 낙오합니다. 변화를 거스르면 휩쓸리고 맙니다. 변화의 흐름을 타고, 변화를 만들어 가야 합니다. 어렵고 고통스럽더라도 더 빨리 변해야 합니다. 불합리하거나 시대에 맞지 않으면 익숙한 것들과 과감히 헤어져야 합니다. 방향은 개방과 자율, 그리고 창의입니다.

존경하는 국민 여러분!

경제 살리기가 무엇보다 시급합니다. 신성장동력을 확보하여 더 활기차게 성장하고 더 많은 일자리가 만들어져야 합니다. 정부부터 유능한 조직으로 바꾸고자 합니다.

'작은 정부, 큰 시장'으로 효율성을 높이겠습니다. '일 잘하는 정부'를 만들겠습니다. 앞으로 정부는 잘하는 곳은 더 잘하게 해 주고 도움이 필요한 곳에는 힘이 되는 역할을 맡겠습니다.

꼭 정부가 해야 할 일이 아닌 것은 민간에 이양하겠습니다. 공공부문에도 경쟁을 도입하겠습니다. 세금도 낮춰야 합니다. 그래야 투자와 소비가 살아납니다. 공무원 수를 점진적으로 줄이고 불필요한 규제는 빠른 시일 내에 혁파하겠습니다. 국민 여러분께서는 머지않아 새 정부가 효율적으로 일하는 모습을 보게 될 것입니다.

기업은 국부의 원천이요, 일자리 창출의 주역입니다. 누구나 쉽게 창업하고 공장을 지을 수 있어야 합니다. 기업인이 나서서 투자하고 신바람 나서 세계시장을 누비도록 시장과 제도적 환경을 개선하겠습니다. 기술혁신을 추구하는 중소기업들이 활기를 가져야 합니다. 이들이 중견기업으로 성장해서 대기업들과 협력하고 경쟁하도록 돕겠습니다. 투명하고 공정하게 경영하는 기업인들이 존경받고, 투자하고 일자리를 만드는 기업이 사랑받아야 합니다.

 노(勞)와 사(使)는 기업이라는 수레를 움직이는 두 바퀴입니다. 어느 하나가 제 몫을 못 하면 수레가 넘어집니다. 선진국에서는 노사분규가 현격하게 줄어들었습니다. '과격한 투쟁은 결국 자멸을 가져온다' 는 인식을 노사 모두가 공유했기 때문입니다. 노사문화의 자율적 개선은 선진화의 필수요건입니다. 이제 '투쟁의 시대' 를 끝내고 '동반의 시대' 를 열어야 합니다. 기업도 노조도 서로 양보하고 한 걸음씩 다가서야 합니다.

 어려울 때일수록 기업이 힘을 내야 합니다. 기업이 먼저 투명하고 공정한 경영으로 노동자를 끌어안아야 합니다. 이런 때 노동자도 더 열심히 일해 주어야 합니다. 불법 투쟁은 지양하고 생산성을 높여야 합니다. 그래야 노사관계가 건강해집니다. 정부도 원칙과 성의를 가지고 노력하겠습니다.
 시장개방은 피할 수 없는 큰 흐름입니다. 수출산업이 경제의 큰 몫을 차지하는 우리나라로서는 자유무역협정을 통해 국부를 늘려가야 합니다. 그러나 개방에 취약한 부문에서는 걱정이 많습니다. 특히 농어민들이 그렇습니다. 그렇다고 여기서 주저앉을 수도 없지 않습니까,

 우리 국민 모두가 농어민의 아들딸입니다. 농업, 농촌, 농민 걱정이 곧 나라 걱정입니다. 대응책을 마련하는데 정부가 함께하겠습니다. 농림수산업이 더 이상 1차 산업으로 머물러선 안 됩니다. 첨단 생산기술을 접목하고 유통 서비스 경영과 결합시켜 경쟁력 있는 2차, 3차 산업으로 업그레이드해야 합니다. 해외시장 개척에도 발 벗고 나서야 합니다. 농어민과 정부가 뜻을 합치고 지혜를 모으면 오히려 전화위복의 계기로 만들 수도 있을 것입니다.

 존경하는 국민 여러분!

 누구나 인간다운 생활을 누리고, 다 함께 건강하고 편안한 사회가 되어야 합니다. 도움이 절실한 사람은 국가가 보살펴야 합니다. 시혜적, 사후적 복지는 해결책이 아닙니

다. 능동적, 예방적 복지로 나아가야 합니다. 그래야만 낙오자 없는 세상을 만들 수 있습니다. 꼭 필요한 사람들에게 혜택이 돌아가게 됩니다.

여성은 시민사회와 국가 발전의 당당한 주역입니다. 여성의 사회참여는 사회를 성숙하게 만듭니다. 양성평등 정책을 추진해서 시민권과 사회권의 확장에 힘쓰겠습니다. 더 많은 여성이 의사결정의 지위에 오를 수 있도록 기회를 늘리고 관련 제도를 개선하겠습니다. 생애주기와 생활형편에 따른 수요에 맞추어 맞춤형 보육시스템을 구축하고자 합니다. 정부가 보육의 짐을 덜어주면 저출산 문제가 개선될 뿐만 아니라 삶의 질과 인적 자원의 질을 높일 수 있습니다.

청년세대의 고통을 외면하지 않겠습니다. 국내외에 일자리를 더 많이 만들어 젊은이들의 사회 진출을 돕겠습니다. 주거생활을 안정시킴으로써 개인 생활은 물론 사회의 안정 기반을 확보하도록 하겠습니다.

고령화 사회를 맞아 노인복지대책도 시급합니다. 노령연금을 현실화하고, 공공복지를 개선하겠습니다. 고령자를 위한 의료혜택과 시설을 늘리고, 근로의욕이 있는 노인들을 위한 일자리 창출에도 힘쓰겠습니다. 장애인들에게도 더 따뜻한 배려와 함께 더 많은 기회를 주고자 합니다. 일할 수 있는 사람에게는 일자리가 최고의 복지입니다. 그렇게 할 수 없는 사람들은 국가가 책임지고 보살피겠습니다.

존경하는 국민 여러분!

선진화는 사람이 하는 것입니다. 그리고 사람을 위해 하는 것입니다. 대한민국의 선진화는 얼마나 훌륭한 인재를 얼마나 많이 확보하느냐에 달려 있습니다. 청소년은 대한민국의 미래를 짊어질 꿈과 활력의 발전기입니다. 청소년들의 적성과 잠재력을 개발하고 디지털, 글로벌 역량을 강화하는 일에 적극 나서겠습니다. 교육개혁은 무엇보다 시급합니다. 획일적 관치교육, 폐쇄적 입시교육에서 벗어나야 합니다. 글로벌 스탠더드를 받아들이고 교육현장에 자율과 창의, 그리고 경쟁의 숨결을 불어넣어야 합니다.

학교 유형을 다양화하고 교사들의 경쟁력을 높이는 데

에 주력하겠습니다. 그래야 공교육이 정상화되고, 사교육 열풍이 잦아들게 됩니다. 학생들의 적성과 창의력이 살아납니다. 대학의 자율화는 국가경쟁력 뿐 아니라 한국사회 선진화의 관건입니다. 교육과 연구의 역량을 늘려서 세계의 대학들과 치열하게 경쟁해야 합니다. 지식기반사회의 전선에 서야 합니다.

교육의 기회를 질적으로 확대해야 합니다. 형편이 어려워도 공부할 수 있어야 합니다. 교육복지로 가난의 대물림을 끊겠습니다.

과학이 사회를 합리적으로 바꾸고 선진화합니다. 한국의 몇몇 과학기술은 세계적 수준에 도달했지만, 아직도 갈 길이 멉니다. 20년, 30년을 내다보면서 과학기술의 창의적 역량을 키워 가겠습니다. 우수한 과학도를 길러내고, 과학자를 존경하고 우대하는 사회 풍토를 만들어 가겠습니다. 과학기술이 미래로 가는 문을 열어줍니다. 기초과학과 원천기술, 거대기술에 대한 연구개발에 국가가 장기계획을 가지고 밀어 주어야 합니다. 대학과 기업과 정부의 연구개발 협력체제도 보다 실질화 하는 방안을 모색하겠습니다.

주택은 재산이 아니라 생활의 인프라입니다. 주거생활의 수준을 높이고 주택가격을 안정시키는 주거복지정책을 적극적으로 펴 나가겠습니다.

국토의 구조를 미래지향적으로 개편하고자 합니다. 해양 지향, 광역화는 세계적인 추세입니다. 미래의 생활양식에 필요한 공간 활용 방안도 마련해야 합니다. 어떤 경우든 친환경, 친문화적 기조를 유지하여 국토의 건강성과 품격을 높여나가겠습니다.

환경보전은 삶의 질을 개선하고 환경산업은 새로운 성장동력을 만들어 냅니다. 지구 환경 변화가 인류를 위협하고 있습니다. 기상재해가 잦아지고 피해 규모도 커지고 있습니다. 우리도 탄소 배출을 줄이는 일에 적극 동참해야 합니다. 우리 경제가 이에 적응하려면 당장은 어려움을 겪게 될 것입니다. 그러나 그 아픔을 참고 창의적으로 적응해야만 합니다. 식량, 환경, 물, 자원, 에너지 등과 관련된 정책 전반을 환경 친화적으로 바꿔 나가야 합니다.

우리나라는 오랜 역사를 가진 문화국가입니다. 최근 세계무대에서 주목받는 한류는 그런 전통과 맥이 닿아 있습니다. 전통문화의 현대화와 문화예술의 선진화가 함께 가야 경제적 풍요도 빛이 날 것입니다. 이제는 문화도 산업입니다. 콘텐츠 산업의 경쟁력을 높여 문화강국의 기반을 다져야 합니다. 문화 수준이 높아지면 삶의 격조가 올라갑니다. 문화로 즐기고 문화로 화합하며 문화로 발전해야 합니다. 정부는 우리 문화의 저력이 21세기의 열린 공간에서 활짝 피어날 수 있도록 최선을 다하고자 합니다.

존경하는 국민 여러분!

대한민국은 더 넓은 시야, 더 능동적 자세로 국제사회와 더불어 함께하고 교류하는 글로벌 외교를 펼칠 것입니다. 우리는 인종과 종교, 빈부의 차이를 넘어 세계의 모든 나라, 모든 사람들과 친구가 되겠습니다. 민주주의와 시장경제라는 인류 공동의 가치를 존중하면서 지구촌의 평화와 발전에 동참하겠습니다.

미국과는 전통적 우호관계를 미래지향적 동맹관계로 발전, 강화시키겠습니다. 두 나라 사이에 형성된 역사적 신뢰를 바탕으로 전략적 동맹관계를 굳건히 해 나가겠습니다. 아시아 국가들과의 연대도 매우 중요합니다. 특히, 일본, 중국, 러시아와 고루 협력관계를 강화하여 동아시아의 평화와 공동번영을 모색하겠습니다.

우리 경제의 엔진을 안정적으로 가동하기 위해 자원과 에너지의 안정적인 확보에도 힘쓸 것입니다. 아울러 평화와 환경을 위한 국제협력에도 앞장서겠습니다. 우리의 경제규모와 외교역량에 걸맞게 인류 보편의 가치를 구현하는 기여외교를 펴겠습니다. UN 평화유지군(PKO)에 적극 참여하고 공적개발원조(ODA)를 확대하겠습니다. 문화외교에 역점을 두어 국제사회와의 소통을 더 원활히 하겠습니다. 우리의 전통문화와 첨단기술이 어우러지면 한국의 매력을 세계로 내보낼 수 있을 것입니다.

남북통일은 7천만 국민의 염원입니다. 남북관계는 이제까지보다 더 생산적으로 발전해야 합니다. 이념의 잣대가 아니라 실용의 잣대로 풀어가겠습니다. 남북한 주민이 행복하게 살고 통일의 기반을 마련하는 것이 우리의 목표입니다. '비핵, 개방, 3000 구상'에서 밝힌 것처럼, 북한이 핵을 포기하고 개방의 길을 택하면 남북협력에 새 지평이 열릴 것입니다. 국제사회와 협력하여 10년 안에 북한 주민 소득이 3천 달러에 이르도록 돕겠습니다. 그것이 바로 동족을 위하는 길이고 통일을 앞당기는 길이라고 생각합니다.

남북의 정치 지도자는 어떻게 해야 7천만 국민을 잘 살게 할 수 있는가, 어떻게 해야 서로 존중하면서 통일의 문을 열 수 있는가 하는 생각들을 함께 나누어야 합니다. 이런 일을 위해서라면 남북 정상이 언제든지 만나서 가슴을 열고 이야기해야 한다고 생각합니다. 그 기회는 열려 있습니다.

정치의 근본은 국민을 편안하게 하고 살맛 나게 하는 데 있습니다. 그런데 정치가 국민의 기대에 미치지 못하고 있습니다. 정치가 변하지 않고는 선진일류국가를 만들 수가 없습니다. 국가의 발전 방향과 실천 대안을 만들어 제시해야 합니다. 민생고를 덜어주고 희망을 주어야 합니다. 이것이 실용정치의 기본입니다.

길은 멀어 보입니다. 그러나 가능한 일부터 시작해 봅시다. 소모적인 정치관행과 과감하게 결별합시다. 국민의 뜻을 받들고 국민의 고통을 덜어주는 생산적인 일을 챙겨 합시다. 여와 야를 넘어 대화의 문을 활짝 열겠습니다. 국회와 협력하고, 사법부의 뜻을 존중하겠습니다.

존경하는 국민 여러분!

끼니조차 잇기 어려웠던 시골 소년이 노점상, 고학생, 일용노동자, 샐러리맨을 두루 거쳐 대기업 회장, 국회의원과 서울특별시장을 지냈습니다. 그리고 대한민국의 대통령이 되었습니다. 이처럼, 대한민국은 꿈을 꿀 수 있는 나라입니다. 그리고 그 꿈을 실현시킬 수 있는 나라입니다. 저는 대한민국 국민 모두가 꿈을 갖게 되길 바랍니다. 그리고 그것을 실현하기 위해 열심히 일하게 되길 바랍니다. 저는 이 소중한 땅에 기회가 넘치게 하고 싶습니다. 가난해도 희망이 있는 나라 넘어져도 다시 일어설 수 있는 나라 땀 흘려 노력한 국민이면 누구에게나 성공의 기회가 보장되는 나라, 그런 나라를 만들고자 합니다.

국민의 마음속에 있는 대한민국 지도를 세계로 넓히겠습니다. 세계의 문물이 거침없이 들어와서 이 땅에서 새로운 가치로 창조되게 하겠습니다. 그리하여 대한민국이 세계를 향해 새로운 가치를 내보내는 나라 선진 일류국가가 되게 하겠습니다. 선대의 기원이고 당대의 희망이며 후대와의 약속입니다. 저 이명박이 앞장서겠습니다.

정부만의 힘으로는 어렵습니다. 국민 여러분께서 함께 나서 주셔야 합니다. 각자가 스스로 행동에 나서야 합니다. 부모님들은 아이들의 몸과 마음을 더 튼튼하게 길러야 합니다. 선생님들은 학생들을 더 열심히 가르쳐야 합니다. 기업인과 노동자들은 손잡고 더 진취적으로 매진해야 합니다. 청년들은 자기 개발을 위해 더 노력해야 합니다. 군인과 경찰은 국가와 사회를 더 성실히 지켜야 합니다. 종교인, 시민운동가, 언론인도 더 무거운 책임을 짊어져야 합니다. 공직자들은 더 성심껏 국민을 섬겨야 합니다. 대통령부터 열심히 하겠습니다.

존경하는 국민 여러분!

우리의 시대적 과제, 대한민국 선진화를 향한 대전진이 시작되었습니다. 한강의 기적을 넘어 한반도의 새로운 신화를 향해 우리 모두 함께 나아갑시다. 저 이명박이 앞장서겠습니다. 국민이 합심하여 떨치고 나서면 해낼 수 있습니다. 반드시 그렇게 될 것입니다.

감사합니다.

18대 박근혜 대통령

희망의 새 시대를 열겠습니다.

존경하는 국민여러분! 700만 해외동포 여러분!

저는 오늘 대한민국의 제18대 대통령에 취임하면서 희망의 새 시대를 열겠다는 각오로 이 자리에 섰습니다.

저에게 이런 막중한 시대적 소명을 맡겨주신 국민 여러분께 깊이 감사드리며, 이 자리에 참석해주신 이명박 대통령과 전직 대통령, 그리고 세계 각국의 경축사절과 내외 귀빈 여러분께도 감사드립니다.

저는 대한민국의 대통령으로서 국민 여러분의 뜻에 부응하여 경제부흥과 국민행복, 문화융성을 이뤄낼 것입니다.

부강하고, 국민 모두가 함께 행복한 대한민국을 만드는 데 저의 모든 것을 바치겠습니다!
국민여러분!

오늘의 대한민국은 국민의 노력과 피와 땀으로 이룩된 것입니다.
하면 된다는 국민들의 강한 의지와 저력이 산업화와 민주화를 동시에 이룬 위대한 성취의 역사를 만들었습니다.

한강의 기적으로 불리는 우리의 역사는 독일의 광산에서, 열사의 중동 사막에서, 밤새 불이 꺼지지 않은 공장과 연구실에서, 그리고 영하 수 십도의 최전방 전선에서 가족과 조국을 위해 헌신하신 위대한 우리 국민들이 계셔서 가능했습니다.

저는 오늘의 대한민국을 만드신 모든 우리 국민들께 진심으로 경의를 표합니다.

존경하는 국민 여러분!

격동의 현대사 속에서 수많은 고난과 역경을 극복해 온 우리 앞에 지금 글로벌 경제 위기와 북한의 핵무장 위협과 같은 안보위기가 이어지고 있습니다.
글로벌 금융위기 이후 자본주의 역시, 새로운 도전에 직면해 있습니다.

이번 도전은 과거와는 달리 우리가 스스로, 새로운 길을 개척해야만 극복해나갈 수 있습니다.

 새로운 길을 개척하는 것은 쉽지 않은 일입니다. 그러나 저는 우리 대한민국의 국민을 믿습니다. 역동적인 우리 국민의 강인함과 저력을 믿습니다.

 이제 자랑스런 우리 국민 여러분과 함께 희망의 새 시대, '제 2의 한강의 기적'을 만드는 위대한 도전에 나서고자 합니다.

 국민 개개인의 행복의 크기가 국력의 크기가 되고, 그 국력을 모든 국민이 함께 향유하는 희망의 새 시대를 열겠습니다!

 경제부흥

 존경하는 국민 여러분!

 저는 오늘 국가발전과 국민행복이 선순환하는 새로운

미래를 만들기 위해 우리가 나아갈 방향을 제시하고자 합니다.

 새 정부는 '경제부흥'과 '국민행복', 그리고 '문화융성'을 통해 새로운 희망의 시대를 열어갈 것입니다.

 첫째, 경제부흥을 이루기 위해 창조경제와 경제민주화를 추진해가겠습니다.

세계적으로 경제의 패러다임이 바뀌고 있습니다.

 창조경제는 과학기술과 산업이 융합하고, 문화와 산업이 융합하고, 산업간의 벽을 허문 경계선에 창조의 꽃을 피우는 것입니다.

 기존의 시장을 단순히 확대하는 방식에서 벗어나 융합의 터전 위에 새로운 시장, 새로운 일자리를 만드는 것입니다.
창조경제의 중심에는 제가 핵심적인 가치를 두고 있는 과학기술과 IT산업이 있습니다.
저는 우리 과학기술을 세계적인 수준으로 끌어올릴 것

입니다. 그리고 이러한 과학기술들을 전 분야에 적용해 창조경제를 구현하겠습니다.

새 정부의 미래창조과학부는 이와 같은 새로운 패러다임에 맞춰 창조경제를 선도적으로 이끌어 나갈 것입니다.

창조경제는 사람이 핵심입니다. 이제 한 사람의 개인이 국가의 가치를 높이고, 경제를 살려낼 수 있는 시대입니다.

지구촌 곳곳에서 활약하고 있는 수많은 우리 인재들이 국가를 위해 헌신할 수 있도록 기회를 부여하겠습니다. 또한 국내의 인재들을 창의와 열정이 가득한 융합형 인재로 키워 미래 한국의 주축으로 삼겠습니다.

창조경제가 꽃을 피우려면 경제민주화가 이루어져야만 합니다.

공정한 시장질서가 확립되어야만 국민 모두가 희망을 갖고 땀 흘려 일할 수 있다고 생각합니다.
열심히 노력하면 누구나 일어설 수 있도록 중소기업 육

성정책을 펼쳐서 대기업과 중소기업이 상생할 수 있도록 하는 것이 제가 추구하는 경제의 중요한 목표입니다.

 소상공인과 중소기업들을 좌절하게 하는 각종 불공정행위를 근절하고 과거의 잘못된 관행을 고쳐서, 어느 분야에서 어떤 일에 종사하던 간에 모두가 최대한 역량을 발휘할 수 있도록 적극 지원할 것입니다.

 그런 경제 주체들이 하나가 되고 다함께 힘을 모을 때 국민이 행복해지고, 국가 경쟁력이 높아질 수 있습니다.

 저는 그 토대 위에 경제부흥을 이루고, 국민이 행복한 제 2의 한강의 기적을 이루겠습니다.

 국민행복
 국민 여러분!

 국가가 아무리 발전한다 해도 국민의 삶이 불안하다면 아무 의미가 없을 것입니다.

 노후가 불안하지 않고, 아이를 낳고 기르는 것이 진정한 축복이 될 때, 국민 행복시대는 만들어지는 것입니다.

어떤 국민도 기초적인 삶을 영위할 수 없을지 모른다는 두려움이 있어서는 안됩니다.

국민맞춤형의 새로운 복지패러다임으로 국민들이 근심 없이 각자의 일에 즐겁게 종사하면서 자신의 역량을 발휘하고, 국가발전에 기여할 수 있도록 할 것입니다.

저는 개인의 꿈을 이루고 희망의 새 시대를 여는 일은 교육에서 시작된다고 생각합니다.

교육을 통해 개인의 잠재된 능력을 최대한 끌어낼 수 있도록 적극 지원하고, 국민 개개인의 능력을 주춧돌로 삼아 국가가 발전하게 되는 새로운 시스템을 만들어야 합니다.
아는 사람은 좋아하는 사람만 못하고, 좋아하는 사람은 즐기는 사람만 못하다고 했습니다.

배움을 즐길 수 있고, 일을 사랑할 수 있는 국민이 많아질 때, 진정한 국민행복 시대를 열 수 있습니다.

 어느 나라나 가장 중요한 자산은 사람입니다,

 개인의 능력이 사장되고, 창의성이 상실되는 천편일률적인 경쟁에만 매달려있으면 우리의 미래도 얼어붙을 것입니다.

 저는, 어릴 때부터 모든 학생들의 잠재력을 찾아내는 일이 국가 발전의 원동력이 될 것이라고 믿습니다.

 앞으로 학생 개개인의 소질과 능력을 찾아내서 자신만의 소중한 꿈을 이루어가고, 그것으로 평가받는 교육시스템을 만들어서 사회에 나와서도 훌륭한 인재가 되도록 하겠습니다.

 학벌과 스펙으로 모든 것이 결정되는 사회에서는 개인의 꿈과 끼가 클 수 없고, 희망도 자랄 수 없습니다.

 개개인의 꿈과 끼가 열매를 맺을 수 있도록 우리 사회를 학벌위주에서 능력위주로 바꿔가겠습니다.

또한, 국민의 생명과 안전을 지키는 것은 국민 행복의 필수적인 요건입니다.

대한민국 어느 곳에서도, 여성이나 장애인 또는 그 누구라도 안심하고 살아갈 수 있는 안전한 사회를 만드는게 정부 역량을 집중할 것입니다.

힘이 아닌 공정한 법이 실현되는 사회, 사회적 약자에게 법이 정의로운 방패가 되어 주는 사회를 만들겠습니다.
문화융성

존경하는 국민 여러분!

21세기는 문화가 국력인 시대입니다. 국민 개개인의 상상력이 콘텐츠가 되는 시대입니다.

지금 한류 문화가 세계인들의 사랑을 받으면서 기쁨과 행복을 주고 있고, 국민들에게 큰 자긍심이 되고 있습니다. 이것은 우리 대한민국의 5천 년 유·무형의 찬란한 문화유산과 정신문화의 바탕 위에서 이루어진 것입니다.

새 정부에서는 우리 정신문화의 가치를 높이고, 사회 곳곳에 문화의 가치가 스며들게 하여 국민 모두가 문화가 있는 삶을 누릴 수 있도록 하겠습니다.

문화의 가치로 사회적 갈등을 치유하고, 지역과 세대와 계층 간의 문화격차를 해소하고, 생활 속의 문화, 문화가 있는 복지, 문화로 더 행복한 나라를 만들겠습니다.

다양한 장르의 창작활동을 지원하고, 문화와 첨단기술이 융합된 콘텐츠산업 육성을 통해 창조경제를 견인하고, 새 일자리를 만들어 나갈 것입니다.

인종과 언어, 이념과 관습을 넘어 세계가 하나되는 문화, 인류평화발전에 기여하고 기쁨을 나누는 문화, 새 시대의 삶을 바꾸는 '문화융성'의 시대를 국민 여러분과 함께 열어가겠습니다.

국민 여러분!
국민행복은 국민이 편안하고 안전할 때 꽃 피울 수 있습니다. 저는 국민의 생명과 대한민국의 안전을 위협하는 그 어떤 행위도 용납하지 않을 것입니다.

최근 북한의 핵실험은 민족의 생존과 미래에 대한 도전이며, 그 최대 피해자는 바로 북한이 될 것이라는 점을 분명히 인식해야 할 것입니다.

 북한은 하루빨리 핵을 내려놓고, 평화와 공동발전의 길로 나오기 바랍니다.

 더 이상 핵과 미사일 개발에 아까운 자원을 소모하면서 전 세계에 등을 돌리며 고립을 자초하지 말고, 국제사회의 책임있는 일원으로 함께 발전하게 되기를 기대합니다.

 현재 우리가 처한 안보 상황이 너무도 엄중하지만 여기에만 머물 수는 없습니다.

 저는 한반도 신뢰프로세스로 한민족 모두가 보다 풍요롭고 자유롭게 생활하며, 자신의 꿈을 이룰 수 있는 행복한 통일시대의 기반을 만들고자 합니다.
 확실한 억지력을 바탕으로 남북 간에 신뢰를 쌓기 위해 한 걸음 한 걸음 나아가겠습니다.

 서로 대화하고 약속을 지킬 때 신뢰는 쌓일 수 있습니다.

북한이 국제사회의 규범을 준수하고 올바른 선택을 해서 한반도 신뢰프로세스가 진전될 수 있기를 바랍니다.

제가 꿈꾸는 국민행복시대는 동시에 한반도 행복시대를 열고, 지구촌 행복시대를 여는데 기여하는 시대입니다.

앞으로 아시아에서 긴장과 갈등을 완화하고 평화와 협력이 더욱 확산될 수 있도록 미국, 중국, 일본, 러시아 및 아시아, 대양주 국가 등 역내 국가들과 더욱 돈독히 신뢰를 쌓을 것입니다.

나아가 세계 이웃들의 아픔을 함께 고민하고, 지구촌 문제 해결에도 기여하는 대한민국을 만들겠습니다.

존경하는 국민 여러분!

저는 오늘 대한민국의 제 18대 대통령의 임무를 시작합니다.

이 막중한 임무를 부여해주신 국민 여러분과 함께 새로

운 희망의 시대를 반드시 열어나갈 것입니다.

 나라의 국정 책임은 대통령이 지고, 나라의 운명은 국민이 결정하는 것입니다.
 우리 대한민국이 나가는 새로운 길에 국민 여러분이 힘을 주시고 활력을 불어넣어 주시길 바랍니다.
 우리는 지금, 국가와 국민이 동반의 길을 함께 걷고, 국가 발전과 국민 행복이 선순환의 구조를 이루는 새로운 시대의 출발선에 서 있습니다.

 우리가 그 길을 성공적으로 가기 위해서는 정부와 국민이 서로를 믿고 신뢰하면서 동반자의 길을 걸어가야만 합니다,

 저는 깨끗하고 투명하고 유능한 정부를 반드시 만들어서 국민 여러분의 신뢰를 얻겠습니다. 정부에 대한 국민의 불신을 씻어내고 신뢰의 자본을 쌓겠습니다.
 국민 여러분께서도 각자의 위치에서 자신뿐만 아니라 공동의 이익을 위해 같이 힘을 모아 주실 것을 부탁드립니다,

어려운 시절 우리는 콩 한쪽도 나눠먹고 살았습니다. 우리 조상은 늦가을에 감을 따면서 까치밥으로 몇 개의 감을 남겨두는 배려의 마음을 가지고 살았습니다. 계와 품앗이라는 공동과 공유의 삶을 살아온 민족입니다.

그 정신을 다시 한 번 되살려서 책임과 배려가 넘치는 사회를 만들어 간다면, 우리 모두가 꿈꾸는 국민 행복의 새 시대를 반드시 만들 수 있습니다.

그것이 방향을 잃은 자본주의의 새로운 모델이 될 것이며, 세계가 맞닥뜨린 불확실성의 미래를 해결하는 모범적인 해답이 될 수 있을 것입니다.

국민 여러분께서도 저와 정부를 믿고,
새로운 미래로 나가는 길에 동참하여 주십시오.

우리 국민 모두가 또 한 번 새로운 한강의 기적을 일으키는 기적의 주인공이 될 수 있도록 함께 힘을 합쳐 국민행복, 희망의 새 시대를 만들어 갑시다!!

감사합니다.

19대 문재인 대통령

존경하고 사랑하는 국민 여러분!

감사합니다. 국민 여러분의 위대한 선택에 머리 숙여 깊이 감사드립니다.

저는 오늘 대한민국 제19대 대통령으로서 새로운 대한민국을 향해 첫걸음을 내딛습니다. 지금 제 두 어깨는 국민 여러분으로부터 부여받은 막중한 소명감으로 무겁습니다. 지금 제 가슴은 한 번도 경험하지 못한 나라를 만들겠다는 열정으로 뜨겁습니다. 그리고 지금 제 머리는 통합과 공존의 새로운 세상을 열어 갈 청사진으로 가득 차 있습니다.

우리가 만들어 가려는 새로운 대한민국은 숱한 좌절과 패배에도 불구하고 우리 선대들이 일관되게 추구했던 나라입니다. 또한 많은 희생과 헌신을 감내하며 우리 젊은이들이 그토록 이루고 싶어 했던 나라입니다. 그런 대한민국을 만들기 위해 저는 역사와 국민 앞에 두렵지만 겸허히 대한민국 제19대 대통령으로서 책임과 소명을 다할 것을 천명합니다.

함께 선거를 치른 후보들께 감사의 말씀과 함께 심심한 위로를 전합니다. 이번 선거에서는 승자도 패자도 없습니다. 우리는 새로운 대한민국을 함께 이끌어 가야 할 동반자입니다. 이제 치열했던 경쟁의 순간을 뒤로하고 함께 손을 맞잡고 미래로 전진해야 합니다.

존경하는 국민 여러분!
지난 몇 달간 우리는 유례없는 정치적 격변기를 보냈습니다. 정치는 혼란했지만 국민은 위대했습니다. 현직 대통령의 탄핵과 구속 앞에서도 국민께서 대한민국의 앞길을 열어 주셨습니다. 우리 국민은 좌절하지 않고 오히려 전화위복의 계기로 삼아 마침내 오늘 새로운 세상을 열었습니다. 대한민국의 위대함은 국민의 위대함입니다. 그리고 이번 대통령 선거에서 우리 국민은 또 하나의 역사를 만들어 주셨습니다. 전국 각지에서 고른 지지로 새로운 대한민국을 선택해 주셨습니다. 오늘부터 저는 국민 모두의 대통령이 되겠습니다. 저를 지지하지 않았던 분도 진심으로 우리의 국민으로 섬기겠습니다. 저는 감히 약속드립니다. 2017년 5월 10일은 진정한 국민통합이 시작된 날로 역사에 기록될 것입니다.

존경하고 사랑하는 국민 여러분!

힘들었던 지난 세월 국민은 이게 나라냐고 물었습니다. 대통령 문재인은 바로그 질문에서 시작하겠습니다.

오늘부터 나라를 나라답게 만드는 대통령이 되겠습니다. 구시대의 잘못된 관행과 과감히 결별하겠습니다 대통령부터 새로워지겠습니다.

우선 권위적 대통령 문화를 청산하겠습니다. 준비를 마치는 대로 지금의 청와대에서 나와서 광화문 대통령 시대를 열겠습니다. 참모들과 머리와 어깨를 맞대고 토론하겠습니다. 국민과 수시로 소통하는 대통령이 되겠습니다. 주요 사안은 대통령이 직접 언론에 브리핑하겠습니다. 퇴근길에는 시장에 들러 마주치는 시민 여러분과 격의 없는 대화를 나누겠습니다. 때로는 광화문광장에서 대토론회를 열겠습니다. 대통령의 제왕적 권력을 최대한 나누겠습니다.

권력기관은 정치로부터 완전히 독립시키겠습니다. 그 어떤 기관도 무소불위의 권력을 행사할 수 없도록 견제 장치를 만들겠습니다. 낮은 자세로 일하겠습니다.

국민과 눈높이를 맞추는 대통령이 되겠습니다.

안보위기도 서둘러 해결하겠습니다. 한반도 평화를 위

해 동분서주하겠습니다.

 필요하면 곧바로 워싱턴으로 날아가겠습니다. 베이징(北京)과 도쿄(東京)에도 가고, 여건이 조성되면 평양에도 가겠습니다. 한반도 평화 정착을 위해서라면 제가 할 수 있는 모든 일을 다하겠습니다. 한미동맹은 더욱 강화하겠습니다. 한편으로 사드 문제 해결을 위해 미국 및 중국과 진지하게 협상하겠습니다. 튼튼한 안보는 막강한 국방력에서 비롯됩니다. 자주국방을 강화하기 위해 노력하겠습니다. 북핵문제를 해결할 토대도 마련하겠습니다. 동북아 평화 구조를 정착시킴으로써 한반도 긴장완화의 전기를 마련하겠습니다.

 분열과 갈등의 정치도 바꾸겠습니다. 보수와 진보의 갈등은 끝나야 합니다. 대통령이 나서서 직접 대화하겠습니다. 야당은 국정운영의 동반자입니다. 대화를 정례화하고 수시로 만나겠습니다.

 전국의 인재를 고르게 등용하겠습니다. 능력과 적재적소(適材適所)를 인사의 대원칙으로 삼겠습니다. 저에 대한 지지 여부와 상관없이 유능한 인재를 삼고초려(三顧草廬)해서 일을 맡기겠습니다.

 나라 안팎으로 경제가 어렵습니다. 민생도 어렵습니다. 선거 과정에서 약속했듯이 무엇보다 먼저 일자리를 챙기겠습니다. 동시에 재벌 개혁에도 앞장서겠습니다.

 문제인정부 시대에는 정경유착이라는 말이 완전히 사라질 것입니다. 지역과 계층과 세대 간 갈등을 해소하고, 비정규직 문제도 해결의 길을 모색하겠습니다. 차별 없는 세상을 만들겠습니다.

 거듭 말씀드립니다.
 문재인과 더불어민주당 정부에서 기회는 평등할 것입니다.
 과정은 공정할 것입니다.
 결과는 정의로울 것입니다.

 존경하는 국민 여러분!
 이번 대통령 선거는 전임 대통령의 탄핵으로 치렀습니다. '불행한 대통령'의역사가 계속되고 있습니다. 문재인정부를 시작으로 이런 불행한 역사는 종식되어야 합니다. 저는 대한민국 대통령의 새로운 모범이 되겠습니다. 국민과 역사가평가하는 성공한 대통령이 되기 위해 최선을 다하겠습니다. 그것으로 지지와 성원에 보답하겠습니다.
 깨끗한 대통령이 되겠습니다. 빈손으로 취임하고 빈손

으로 퇴임하는 대통령이 되겠습니다. 훗날 고향으로 돌아가 평범한 시민이 되어 이웃과 정을 나누며 사는대통령이 되겠습니다. 국민 여러분의 자랑으로 남겠습니다.

약속을 지키는 솔직한 대통령이 되겠습니다. 선거 과정에서 제가 했던 약속들을 꼼꼼하게 챙겨서 지키겠습니다. 대통령부터 신뢰받는 정치를 솔선수범해야 진정한 정치 발전이 가능할 것입니다. 불가능한 일을 하겠다고 큰소리치지 않겠습니다. 잘못한 일은 잘못했다고 말씀드리겠습니다. 거짓으로 불리한 여론을 덮지 않겠습니다.

공정한 대통령이 되겠습니다. 특권과 반칙이 없는 세상을 만들겠습니다. 상식대로 해야 이득을 보는 세상을 만들겠습니다.

이웃의 아픔을 외면하지 않겠습니다. 소외된 국민이 없도록 노심초사하는 마음으로 항상 살피겠습니다. 국민의 서러운 눈물을 닦아 드리는 대통령이 되겠습니다.

소통하는 대통령이 되겠습니다. 낮은 사람, 겸손한 권력이 되어 가장 강력한 나라를 만들겠습니다. 군림하고 통치하는 대통령이 아니라 대화하고 소통하는 대통령이 되겠습니다.

'광화문 시대 대통령'이 되어 국민과 가까운 곳에 있겠습니다. 따뜻한 대통령,친구 같은 대통령으로 남겠습니다.

사랑하고 존경하는 국민 여러분!
2017년 5월 10일 오늘 대한민국이 다시 시작합니다. 나라를 나라답게 만드는 역사가 시작됩니다. 이 길에 함께해 주십시오. 저의 신명을 바쳐 일하겠습니다.
감사합니다.

20대 윤석열 대통령

존경하고 사랑하는 국민 여러분,
750만 재외동포 여러분,
그리고 자유를 사랑하는 세계 시민 여러분,

저는 이 나라를 자유민주주의와 시장경제 체제를 기반으로 국민이 진정한 주인인 나라로 재건하고, 국제사회에서 책임과 역할을 다하는 나라로 만들어야 하는 시대적 소명을 갖고 오늘 이 자리에 섰습니다.

역사적인 자리에 함께해 주신 국민 여러분께 감사드립니다.

문재인, 박근혜 전 대통령, 그리고 할리마 야콥 싱가포르 대통령, 포스탱 아르샹쥬 투아데라 중앙아프리카공화국 대통령, 왕치산 중국 국가부주석, 메가와티 수카르노푸트리 인도네시아 전 대통령, 더글러스 엠호프 해리스 미국 부통령 부군, 조지 퓨리 캐나다 상원의장, 하야시 요시마사 일본 외무상을 비롯한 세계 각국의 경축 사절과 내외 귀빈 여러분께도 깊이 감사드립니다.

이 자리를 빌려 지난 2년간 코로나 팬데믹을 극복하는 과정에서 큰 고통을 감내해주신 국민 여러분께 경의를 표합니다.

그리고 헌신해주신 의료진 여러분께도 감사드립니다.

존경하는 국민 여러분,
세계 시민 여러분,

지금 전 세계는 팬데믹 위기, 교역 질서의 변화와 공급망의 재편, 기후 변화, 식량과 에너지 위기, 분쟁의 평화적 해결의 후퇴 등 어느 한 나라가 독자적으로, 또는 몇몇 나라만 참여해서 해결하기 어려운 난제들에 직면해 있습니다.

다양한 위기가 복합적으로 인류 사회에 어두운 그림자를 드리우고 있는 것입니다.

또한 우리나라를 비롯한 많은 나라들이 국내적으로 초저성장과 대규모 실업, 양극화의 심화와 다양한 사회적 갈등으로 인해 공동체의 결속력이 흔들리고 와해되고 있습니다.

한편, 이러한 문제들을 해결해야 하는 정치는 이른바 민주주의의 위기로 인해 제 기능을 하지 못하고 있습니다.

가장 큰 원인으로 지목되는 것이 바로 반지성주의입니다.

견해가 다른 사람들이 서로의 입장을 조정하고 타협하기 위해서는 과학과 진실이 전제되어야 합니다.
그것이 민주주의를 지탱하는 합리주의와 지성주의입니다.

국가 간, 국가 내부의 지나친 집단적 갈등에 의해 진실이 왜곡되고, 각자가 보고 듣고 싶은 사실만을 선택하거나 다수의 힘으로 상대의 의견을 억압하는 반지성주의가 민주주의를 위기에 빠뜨리고 민주주의에 대한 믿음을 해치고 있습니다.
이러한 상황이 우리가 처해있는 문제의 해결을 더 어렵게 만들고 있습니다.

그러나 우리는 할 수 있습니다.
역사를 돌이켜 보면 우리 국민은 많은 위기에 처했지만

그럴 때마다 국민 모두 힘을 합쳐 지혜롭게, 또 용기있게 극복해 왔습니다.

저는 이 순간 이러한 위기를 극복하는 책임을 부여받게 된 것을 감사한 마음으로 받아들이고, 우리 위대한 국민과 함께 당당하게 헤쳐 나갈 수 있다고 확신합니다.

또 세계 시민과 힘을 합쳐 국내외적인 위기와 난제들을 해결해 나갈 수 있다고 믿습니다.

존경하는 국민 여러분,
세계 시민 여러분,

저는 이 어려움을 해결해 나가기 위해서 우리가 보편적 가치를 공유하는 것이 매우 중요하다고 생각합니다.

그것은 바로 '자유' 입니다.
우리는 자유의 가치를 제대로, 그리고 정확하게 인식해야 합니다.
자유의 가치를 재발견해야 합니다.

인류 역사를 돌이켜보면 자유로운 정치적 권리, 자유로운 시장이 숨 쉬고 있던 곳은 언제나 번영과 풍요가 꽃 피었습니다.

번영과 풍요, 경제적 성장은 바로 자유의 확대입니다.

자유는 보편적 가치입니다.
우리 사회 모든 구성원이 자유 시민이 되어야 하는 것입니다.
어떤 개인의 자유가 침해되는 것이 방치된다면 우리 공동체 구성원 모두의 자유마저 위협받게 됩니다.

자유는 결코 승자독식이 아닙니다.
자유 시민이 되기 위해서는 일정한 수준의 경제적 기초, 그리고 공정한 교육과 문화의 접근 기회가 보장되어야 합니다.
이런 것 없이 자유 시민이라고 할 수 없습니다.

어떤 사람의 자유가 유린되거나 자유 시민이 되는데 필요한 조건을 충족하지 못한다면 모든 자유 시민은 연대해서 도와야 합니다.

그리고 개별 국가뿐 아니라 국제적으로도 기아와 빈곤, 공권력과 군사력에 의한 불법 행위로 개인의 자유가 침해되고 자유 시민으로서의 존엄한 삶이 유지되지 않는다면 모든 세계 시민이 자유 시민으로서 연대하여 도와야 하는 것입니다.

모두가 자유 시민이 되기 위해서는 공정한 규칙을 지켜야 하고, 연대와 박애의 정신을 가져야 합니다.

존경하는 국민 여러분,

국내 문제로 눈을 돌려 제가 중요하게 생각하는 방향에 대해 말씀드리겠습니다.

우리나라는 지나친 양극화와 사회 갈등이 자유와 민주주의를 위협할 뿐 아니라 사회 발전의 발목을 잡고 있습니다.

저는 이 문제를 도약과 빠른 성장을 이룩하지 않고는 해결하기 어렵다고 생각합니다.

빠른 성장 과정에서 많은 국민이 새로운 기회를 찾을 수 있고, 사회 이동성을 제고함으로써 양극화와 갈등의 근원을 제거할 수 있습니다.

 도약과 빠른 성장은 오로지 과학과 기술, 그리고 혁신에 의해서만 이뤄낼 수 있는 것입니다.

 과학과 기술, 그리고 혁신은 우리의 자유민주주의를 지키고 우리의 자유를 확대하며 우리의 존엄한 삶을 지속 가능하게 할 것입니다.

 과학과 기술, 그리고 혁신은 우리나라 혼자만의 노력으로는 달성하기 어렵습니다.

 자유와 창의를 존중함으로써 과학 기술의 진보와 혁신을 이뤄낸 많은 나라들과 협력하고 연대해야만 합니다.

 존경하는 국민 여러분,
 세계 시민 여러분,

 자유민주주의는 평화를 만들어내고, 평화는 자유를 지

켜줍니다.
 그리고 평화는 자유와 인권의 가치를 존중하는 국제사회와의 연대에 의해 보장이 됩니다.

 일시적으로 전쟁을 회피하는 취약한 평화가 아니라 자유와 번영을 꽃피우는 지속 가능한 평화를 추구해야 합니다.

 전 세계 어떤 곳도 자유와 평화에 대한 위협에서 자유롭지 못합니다.
 지금 한반도와 동북아의 평화도 마찬가지입니다.

 저는 한반도뿐 아니라 아시아와 세계의 평화를 위협하는 북한의 핵 개발에 대해서도 그 평화적 해결을 위해 대화의 문을 열어놓겠습니다.

 그리고 북한이 핵 개발을 중단하고 실질적인 비핵화로 전환한다면 국제사회와 협력하여 북한 경제와 북한 주민의 삶의 질을 획기적으로 개선할 수 있는 담대한 계획을 준비하겠습니다.

북한의 비핵화는 한반도에 지속 가능한 평화를 가져올 뿐 아니라 아시아와 전 세계의 평화와 번영에도 크게 기여할 것입니다.

　사랑하고 존경하는 국민 여러분,

　지금 우리는 세계 10위권의 경제 대국 그룹에 들어가 있습니다.
　그러므로 우리는 자유와 인권의 가치에 기반한 보편적 국제 규범을 적극 지지하고 수호하는데 글로벌 리더 국가로서의 자세를 가져야 합니다.

　우리나라뿐 아니라 세계 시민 모두의 자유와 인권을 지키고 확대하는데 더욱 주도적인 역할을 해야 합니다.
　국제사회도 대한민국에 더욱 큰 역할을 기대하고 있음이 분명합니다.

　지금 우리나라는 국내 문제와 국제 문제를 분리할 수 없습니다.
　국제사회가 우리에게 기대하는 역할을 주도적으로 수행할 때 국내 문제도 올바른 해결 방향을 찾을 수 있는 것입니다.

저는 자유, 인권, 공정, 연대의 가치를 기반으로 국민이 진정한 주인인 나라, 국제사회에서 책임을 다하고 존경받는 나라를 위대한 국민 여러분과 함께 반드시 만들어 나가겠습니다.

감사합니다.

대한민국 헌법
전문

유구한 역사와 전통에 빛나는 우리 대한국민은 3·1운동으로 건립된 대한민국 임시정부의 법통과 불의에 항거한 4·19민주이념을 계승하고, 조국의 민주개혁과 평화적 통일의 사명에 입각하여 정의·인도와 동포애로써 민족의 단결을 공고히 하고, 모든 사회적 폐습과 불의를 타파하며, 자율과 조화를 바탕으로 자유민주적 기본질서를 더욱 확고히 하여 정치·경제·사회·문화의 모든 영역에 있어서 각인의 기회를 균등히 하고, 능력을 최고도로 발휘하게 하며, 자유와 권리에 따르는 책임과 의무를 완수하게 하여, 안으로는 국민생활의 균등한 향상을 기하고 밖으로는 항구적인 세계평화와 인류공영에 이바지함으로써 우리들과 우리들의 자손의 안전과 자유와 행복을 영원히 확보할 것을 다짐하면서 1948년 7월 12일에 제정[7]되고 8차에 걸쳐 개정한 헌법을 이제 국회의 의결을 거쳐 국민투표에 의하여 개정한다.

[시행 1988. 2. 25.] [헌법 제10호, 1987. 10. 29. 전부개정]

제1장
총강

제1조

① 대한민국은 민주공화국이다.
② 대한민국의 주권은 국민에게 있고, 모든 권력은 국민으로부터 나온다.

제2조

① 대한민국의 국민이 되는 요건은 법률로 정한다.
② 국가는 법률이 정하는 바에 의하여 재외국민을 보호할 의무를 진다.

제3조

대한민국의 영토는 한반도와 그 부속도서로 한다.

제4조

대한민국은 통일을 지향하며, 자유민주적 기본질서에 입각한 평화적 통일정책을 수립하고 이를 추진한다.

제5조

① 대한민국은 국제평화의 유지에 노력하고 침략적 전쟁을 부인한다.
② 국군은 국가의 안전보장과 국토방위의 신성한 의무를 수행함을 사명으로 하며, 그 정치적 중립성은 준수된다.

제6조

① 헌법에 의하여 체결·공포된 조약과 일반적으로 승인된 국제법규는 국내법과 같은 효력을 가진다.
② 외국인은 국제법과 조약이 정하는 바에 의하여 그 지위가 보장된다.

제7조

① 공무원은 국민전체에 대한 봉사자이며, 국민에 대하여 책임을 진다.
② 공무원의 신분과 정치적 중립성은 법률이 정하는 바에 의하여 보장된다.

제8조

① 정당의 설립은 자유이며, 복수정당제는 보장된다.
② 정당은 그 목적·조직과 활동이 민주적이어야 하며, 국민의 정치적 의사형성에 참여하는데 필요한 조직을 가져야 한다.
③ 정당은 법률이 정하는 바에 의하여 국가의 보호를 받으며, 국가는 법률이 정하는 바에 의하여 정당운영에 필요한 자금을 보조할 수 있다.
④ 정당의 목적이나 활동이 민주적 기본질서에 위배될 때에는 정부는 헌법재판소에 그 해산을 제소할 수 있고, 정당은 헌법재판소의 심판에 의하여 해산된다.

제9조

국가는 전통문화의 계승·발전과 민족문화의 창달에 노력하여야 한다.

제2장
국민의 권리와 의무

제10조

모든 국민은 인간으로서의 존엄과 가치를 가지며, 행복을 추구할 권리를 가진다. 국가는 개인이 가지는 불가침의 기본적 인권을 확인하고 이를 보장할 의무를 진다.

제11조

① 모든 국민은 법 앞에 평등하다. 누구든지 성별·종교 또는 사회적 신분에 의하여 정치적·경제적·사회적·문화적 생활의 모든 영역에 있어서 차별을 받지 아니한다.

② 사회적 특수계급의 제도는 인정되지 아니하며, 어떠한 형태로도 이를 창설할 수 없다.
③ 훈장등의 영전은 이를 받은 자에게만 효력이 있고, 어떠한 특권도 이에 따르지 아니한다.

제12조

① 모든 국민은 신체의 자유를 가진다. 누구든지 법률에 의하지 아니하고는 체포·구속·압수·수색 또는 심문을 받지 아니하며, 법률과 적법한 절차에 의하지 아니하고는 처벌·보안처분 또는 강제노역을 받지 아니한다.
② 모든 국민은 고문을 받지 아니하며, 형사상 자기에게 불리한 진술을 강요당하지 아니한다.
③ 체포·구속·압수 또는 수색을 할 때에는 적법한 절차에 따라 검사의 신청에 의하여 법관이 발부한 영장을 제시하여야 한다. 다만, 현행범인인 경우와 장기 3년 이상의 형에 해당하는 죄를 범하고 도피 또는 증거인멸의 염려가 있을 때에는 사후에 영장을 청구할 수 있다.
④ 누구든지 체포 또는 구속을 당한 때에는 즉시 변호인의 조력을 받을 권리를 가진다. 다만, 형사피고인이 스스로 변호인을 구할 수 없을 때에는 법률이 정하는 바에 의하여 국가가 변호인을 붙인다.

⑤ 누구든지 체포 또는 구속의 이유와 변호인의 조력을 받을 권리가 있음을 고지받지 아니하고는 체포 또는 구속을 당하지 아니한다. 체포 또는 구속을 당한 자의 가족 등 법률이 정하는 자에게는 그 이유와 일시·장소가 지체없이 통지되어야 한다.
⑥ 누구든지 체포 또는 구속을 당한 때에는 적부의 심사를 법원에 청구할 권리를 가진다.
⑦ 피고인의 자백이 고문·폭행·협박·구속의 부당한 장기화 또는 기망 기타의 방법에 의하여 자의로 진술된 것이 아니라고 인정될 때 또는 정식재판에 있어서 피고인의 자백이 그에게 불리한 유일한 증거일 때에는 이를 유죄의 증거로 삼거나 이를 이유로 처벌할 수 없다.

제13조
① 모든 국민은 행위시의 법률에 의하여 범죄를 구성하지 아니하는 행위로 소추되지 아니하며, 동일한 범죄에 대하여 거듭 처벌받지 아니한다.
② 모든 국민은 소급입법에 의하여 참정권의 제한을 받거나 재산권을 박탈당하지 아니한다.
③ 모든 국민은 자기의 행위가 아닌 친족의 행위로 인하여 불이익한 처우를 받지 아니한다.

제14조

모든 국민은 거주·이전의 자유를 가진다.

제15조

모든 국민은 직업선택의 자유를 가진다.

제16조

모든 국민은 주거의 자유를 침해받지 아니한다. 주거에 대한 압수나 수색을 할 때에는 검사의 신청에 의하여 법관이 발부한 영장을 제시하여야 한다.

제17조

모든 국민은 사생활의 비밀과 자유를 침해받지 아니한다.

제18조

모든 국민은 통신의 비밀을 침해받지 아니한다.

제19조

모든 국민은 양심의 자유를 가진다.

제20조

① 모든 국민은 종교의 자유를 가진다.
② 국교는 인정되지 아니하며, 종교와 정치는 분리된다.

제21조

① 모든 국민은 언론·출판의 자유와 집회·결사의 자유를 가진다.
② 언론·출판에 대한 허가나 검열과 집회·결사에 대한 허가는 인정되지 아니한다.
③ 통신·방송의 시설기준과 신문의 기능을 보장하기 위하여 필요한 사항은 법률로 정한다.
④ 언론·출판은 타인의 명예나 권리 또는 공중도덕이나 사회윤리를 침해하여서는 아니된다. 언론·출판이 타인의 명예나 권리를 침해한 때에는 피해자는 이에 대한 피해의 배상을 청구할 수 있다.

제22조

① 모든 국민은 학문과 예술의 자유를 가진다.
② 저작자·발명가·과학기술자와 예술가의 권리는 법률로써 보호한다.

제23조

① 모든 국민의 재산권은 보장된다. 그 내용과 한계는 법률로 정한다.
② 재산권의 행사는 공공복리에 적합하도록 하여야 한다.
③ 공공필요에 의한 재산권의 수용·사용 또는 제한 및 그에 대한 보상은 법률로써 하되, 정당한 보상을 지급하여야 한다.

제24조

모든 국민은 법률이 정하는 바에 의하여 선거권을 가진다.

제25조

모든 국민은 법률이 정하는 바에 의하여 공무담임권을 가진다.

제26조

① 모든 국민은 법률이 정하는 바에 의하여 국가기관에 문서로 청원할 권리를 가진다.
② 국가는 청원에 대하여 심사할 의무를 진다.

제27조

① 모든 국민은 헌법과 법률이 정한 법관에 의하여 법률에 의한 재판을 받을 권리를 가진다.
② 군인 또는 군무원이 아닌 국민은 대한민국의 영역 안에서는 중대한 군사상 기밀・초병・초소・유독음식물 공급・포로・군용물에 관한 죄중 법률이 정한 경우와 비상계엄이 선포된 경우를 제외하고는 군사법원의 재판을 받지 아니한다.
③ 모든 국민은 신속한 재판을 받을 권리를 가진다. 형사피고인은 상당한 이유가 없는 한 지체없이 공개재판을 받을 권리를 가진다.
④ 형사피고인은 유죄의 판결이 확정될 때까지는 무죄로 추정된다.
⑤ 형사피해자는 법률이 정하는 바에 의하여 당해 사건의 재판절차에서 진술할 수 있다.

제28조

형사피의자 또는 형사피고인으로서 구금되었던 자가 법률이 정하는 불기소처분을 받거나 무죄판결을 받은 때에는 법률이 정하는 바에 의하여 국가에 정당한 보상을 청구할 수 있다.

제29조

① 공무원의 직무상 불법행위로 손해를 받은 국민은 법률이 정하는 바에 의하여 국가 또는 공공단체에 정당한 배상을 청구할 수 있다. 이 경우 공무원 자신의 책임은 면제되지 아니한다.

② 군인·군무원·경찰공무원 기타 법률이 정하는 자가 전투·훈련등 직무집행과 관련하여 받은 손해에 대하여는 법률이 정하는 보상 외에 국가 또는 공공단체에 공무원의 직무상 불법행위로 인한 배상은 청구할 수 없다.

제30조

타인의 범죄행위로 인하여 생명·신체에 대한 피해를 받은 국민은 법률이 정하는 바에 의하여 국가로부터 구조를 받을 수 있다.

제31조

① 모든 국민은 능력에 따라 균등하게 교육을 받을 권리를 가진다.

② 모든 국민은 그 보호하는 자녀에게 적어도 초등교육과 법률이 정하는 교육을 받게 할 의무를 진다.

③ 의무교육은 무상으로 한다.
④ 교육의 자주성·전문성·정치적 중립성 및 대학의 자율성은 법률이 정하는 바에 의하여 보장된다.
⑤ 국가는 평생교육을 진흥하여야 한다.
⑥ 학교교육 및 평생교육을 포함한 교육제도와 그 운영, 교육재정 및 교원의 지위에 관한 기본적인 사항은 법률로 정한다.

제32조
① 모든 국민은 근로의 권리를 가진다. 국가는 사회적·경제적 방법으로 근로자의 고용의 증진과 적정임금의 보장에 노력하여야 하며, 법률이 정하는 바에 의하여 최저임금제를 시행하여야 한다.
② 모든 국민은 근로의 의무를 진다. 국가는 근로의 의무의 내용과 조건을 민주주의원칙에 따라 법률로 정한다.
③ 근로조건의 기준은 인간의 존엄성을 보장하도록 법률로 정한다.
④ 여자의 근로는 특별한 보호를 받으며, 고용·임금 및 근로조건에 있어서 부당한 차별을 받지 아니한다.
⑤ 연소자의 근로는 특별한 보호를 받는다.
⑥ 국가유공자·상이군경 및 전몰군경의 유가족은 법률이

정하는 바에 의하여 우선적으로 근로의 기회를 부여받는다.

제33조

① 근로자는 근로조건의 향상을 위하여 자주적인 단결권·단체교섭권 및 단체행동권을 가진다.
② 공무원인 근로자는 법률이 정하는 자에 한하여 단결권·단체교섭권 및 단체행동권을 가진다.
③ 법률이 정하는 주요방위산업체에 종사하는 근로자의 단체행동권은 법률이 정하는 바에 의하여 이를 제한하거나 인정하지 아니할 수 있다.

제34조

① 모든 국민은 인간다운 생활을 할 권리를 가진다.
② 국가는 사회보장·사회복지의 증진에 노력할 의무를 진다.
③ 국가는 여자의 복지와 권익의 향상을 위하여 노력하여야 한다.
④ 국가는 노인과 청소년의 복지향상을 위한 정책을 실시할 의무를 진다.
⑤ 신체장애자 및 질병·노령 기타의 사유로 생활능력이

없는 국민은 법률이 정하는 바에 의하여 국가의 보호를 받는다.
⑥ 국가는 재해를 예방하고 그 위험으로부터 국민을 보호하기 위하여 노력하여야 한다.

제35조

① 모든 국민은 건강하고 쾌적한 환경에서 생활할 권리를 가지며, 국가와 국민은 환경보전을 위하여 노력하여야 한다.
② 환경권의 내용과 행사에 관하여는 법률로 정한다.
③ 국가는 주택개발정책등을 통하여 모든 국민이 쾌적한 주거생활을 할 수 있도록 노력하여야 한다.

제36조

① 혼인과 가족생활은 개인의 존엄과 양성의 평등을 기초로 성립되고 유지되어야 하며, 국가는 이를 보장한다.
② 국가는 모성의 보호를 위하여 노력하여야 한다.
③ 모든 국민은 보건에 관하여 국가의 보호를 받는다.

제37조

① 국민의 자유와 권리는 헌법에 열거되지 아니한 이유로

경시되지 아니한다.

② 국민의 모든 자유와 권리는 국가안전보장·질서유지 또는 공공복리를 위하여 필요한 경우에 한하여 법률로써 제한할 수 있으며, 제한하는 경우에도 자유와 권리의 본질적인 내용을 침해할 수 없다.

제38조

모든 국민은 법률이 정하는 바에 의하여 납세의 의무를 진다.

제39조

① 모든 국민은 법률이 정하는 바에 의하여 국방의 의무를 진다.

② 누구든지 병역의무의 이행으로 인하여 불이익한 처우를 받지 아니한다.

제3장
국회

제40조

입법권은 국회에 속한다.

제41조

① 국회는 국민의 보통 · 평등 · 직접 · 비밀선거에 의하여 선출된 국회의원으로 구성한다.
② 국회의원의 수는 법률로 정하되, 200인 이상으로 한다.
③ 국회의원의 선거구와 비례대표제 기타 선거에 관한 사항은 법률로 정한다.

제42조

국회의원의 임기는 4년으로 한다.

제43조

국회의원은 법률이 정하는 직을 겸할 수 없다.

제44조

① 국회의원은 현행범인인 경우를 제외하고는 회기 중 국회의 동의없이 체포 또는 구금되지 아니한다.
② 국회의원이 회기 전에 체포 또는 구금된 때에는 현행범인이 아닌 한 국회의 요구가 있으면 회기 중 석방된다.

제45조

국회의원은 국회에서 직무상 행한 발언과 표결에 관하여 국회 외에서 책임을 지지 아니한다.

제46조

① 국회의원은 청렴의 의무가 있다.
② 국회의원은 국가이익을 우선하여 양심에 따라 직무를 행한다.
③ 국회의원은 그 지위를 남용하여 국가·공공단체 또는

기업체와의 계약이나 그 처분에 의하여 재산상의 권리
·이익 또는 직위를 취득하거나 타인을 위하여 그 취득
을 알선할 수 없다.

제47조
① 국회의 정기회는 법률이 정하는 바에 의하여 매년 1회 집회되며, 국회의 임시회는 대통령 또는 국회재적의원 4분의 1 이상의 요구에 의하여 집회된다.
② 정기회의 회기는 100일을, 임시회의 회기는 30일을 초과할 수 없다.
③ 대통령이 임시회의 집회를 요구할 때에는 기간과 집회요구의 이유를 명시하여야 한다.

제48조
국회는 의장 1인과 부의장 2인을 선출한다.

제49조
국회는 헌법 또는 법률에 특별한 규정이 없는 한 재적의원 과반수의 출석과 출석의원 과반수의 찬성으로 의결한다. 가부동수인 때에는 부결된 것으로 본다.

제50조

① 국회의 회의는 공개한다. 다만, 출석의원 과반수의 찬성이 있거나 의장이 국가의 안전보장을 위하여 필요하다고 인정할 때에는 공개하지 아니할 수 있다.
② 공개하지 아니한 회의내용의 공표에 관하여는 법률이 정하는 바에 의한다.

제51조

국회에 제출된 법률안 기타의 의안은 회기 중에 의결되지 못한 이유로 폐기되지 아니한다. 다만, 국회의원의 임기가 만료된 때에는 그러하지 아니하다.

제52조

국회의원과 정부는 법률안을 제출할 수 있다.

제53조

① 국회에서 의결된 법률안은 정부에 이송되어 15일 이내에 대통령이 공포한다.
② 법률안에 이의가 있을 때에는 대통령은 제1항의 기간 내에 이의서를 붙여 국회로 환부하고, 그 재의를 요구할 수 있다. 국회의 폐회 중에도 또한 같다.
③ 대통령은 법률안의 일부에 대하여 또는 법률안을 수정

하여 재의를 요구할 수 없다.
④ 재의의 요구가 있을 때에는 국회는 재의에 붙이고, 재적의원 과반수의 출석과 출석의원 3분의 2 이상의 찬성으로 전과 같은 의결을 하면 그 법률안은 법률로서 확정된다.
⑤ 대통령이 제1항의 기간 내에 공포나 재의의 요구를 하지 아니한 때에도 그 법률안은 법률로서 확정된다.
⑥ 대통령은 제4항과 제5항의 규정에 의하여 확정된 법률을 지체없이 공포하여야 한다. 제5항에 의하여 법률이 확정된 후 또는 제4항에 의한 확정법률이 정부에 이송된 후 5일 이내에 대통령이 공포하지 아니할 때에는 국회의장이 이를 공포한다.
⑦ 법률은 특별한 규정이 없는 한 공포한 날로부터 20일을 경과함으로써 효력을 발생한다.

제54조
① 국회는 국가의 예산안을 심의·확정한다.
② 정부는 회계연도마다 예산안을 편성하여 회계연도 개시 90일 전까지 국회에 제출하고, 국회는 회계연도 개시 30일 전까지 이를 의결하여야 한다.
③ 새로운 회계연도가 개시될 때까지 예산안이 의결되지

못한 때에는 정부는 국회에서 예산안이 의결될 때까지
다음의 목적을 위한 경비는 전년도 예산에 준하여 집행
할 수 있다.
1. 헌법이나 법률에 의하여 설치된 기관 또는 시설의
   유지 · 운영
2. 법률상 지출의무의 이행
3. 이미 예산으로 승인된 사업의 계속

제55조

① 한 회계연도를 넘어 계속하여 지출할 필요가 있을 때
에는 정부는 연한을 정하여 계속비로서 국회의 의결을
얻어야 한다.
② 예비비는 총액으로 국회의 의결을 얻어야 한다. 예비
비의 지출은 차기국회의 승인을 얻어야 한다.

제56조

정부는 예산에 변경을 가할 필요가 있을 때에는 추가경정
예산안을 편성하여 국회에 제출할 수 있다.

제57조

국회는 정부의 동의 없이 정부가 제출한 지출예산 각항의

금액을 증가하거나 새 비목을 설치할 수 없다.

제58조

국채를 모집하거나 예산 외에 국가의 부담이 될 계약을 체결하려 할 때에는 정부는 미리 국회의 의결을 얻어야 한다.

제59조

조세의 종목과 세율은 법률로 정한다.

제60조

① 국회는 상호원조 또는 안전보장에 관한 조약, 중요한 국제조직에 관한 조약, 우호통상항해조약, 주권의 제약에 관한 조약, 강화조약, 국가나 국민에게 중대한 재정적 부담을 지우는 조약 또는 입법사항에 관한 조약의 체결·비준에 대한 동의권을 가진다.
② 국회는 선전포고, 국군의 외국에의 파견 또는 외국군대의 대한민국 영역 안에서의 주류에 대한 동의권을 가진다.

제61조

① 국회는 국정을 감사하거나 특정한 국정사안에 대하여 조사할 수 있으며, 이에 필요한 서류의 제출 또는 증인의 출석과 증언이나 의견의 진술을 요구할 수 있다.
② 국정감사 및 조사에 관한 절차 기타 필요한 사항은 법률로 정한다.

제62조

① 국무총리 · 국무위원 또는 정부위원은 국회나 그 위원회에 출석하여 국정처리상황을 보고하거나 의견을 진술하고 질문에 응답할 수 있다.
② 국회나 그 위원회의 요구가 있을 때에는 국무총리 · 국무위원 또는 정부위원은 출석 · 답변하여야 하며, 국무총리 또는 국무위원이 출석요구를 받은 때에는 국무위원 또는 정부위원으로 하여금 출석 · 답변하게 할 수 있다.

제63조

① 국회는 국무총리 또는 국무위원의 해임을 대통령에게 건의할 수 있다.
② 제1항의 해임건의는 국회재적의원 3분의 1 이상의 발

의에 의하여 국회재적의원 과반수의 찬성이 있어야 한다.

제64조

① 국회는 법률에 저촉되지 아니하는 범위 안에서 의사와 내부규율에 관한 규칙을 제정할 수 있다.
② 국회는 의원의 자격을 심사하며, 의원을 징계할 수 있다.
③ 의원을 제명하려면 국회재적의원 3분의 2 이상의 찬성이 있어야 한다.
④ 제2항과 제3항의 처분에 대하여는 법원에 제소할 수 없다.

제65조

① 대통령 · 국무총리 · 국무위원 · 행정각부의 장 · 헌법재판소 재판관 · 법관 · 중앙선거관리위원회 위원 · 감사원장 · 감사위원 기타 법률이 정한 공두원이 그 직무집행에 있어서 헌법이나 법률을 위배한 때에는 국회는 탄핵의 소추를 의결할 수 있다.
② 제1항의 탄핵소추는 국회재적의원 3분의 1 이상의 발의가 있어야 하며, 그 의결은 국회재적의원 과반수의 찬

성이 있어야 한다. 다만, 대통령에 대한 탄핵소추는 국회재적의원 과반수의 발의와 국회재적의원 3분의 2 이상의 찬성이 있어야 한다.
③ 탄핵소추의 의결을 받은 자는 탄핵심판이 있을 때까지 그 권한행사가 정지된다.
④ 탄핵결정은 공직으로부터 파면함에 그친다. 그러나, 이에 의하여 민사상이나 형사상의 책임이 면제되지는 아니한다.

제4장
정부

제1절 대통령

제66조

① 대통령은 국가의 원수이며, 외국에 대하여 국가를 대표한다.
② 대통령은 국가의 독립·영토의 보전·국가의 계속성과 헌법을 수호할 책무를 진다.
③ 대통령은 조국의 평화적 통일을 위한 성실한 의무를 진다.
④ 행정권은 대통령을 수반으로 하는 정부에 속한다.

제67조

① 대통령은 국민의 보통 · 평등 · 직접 · 비밀선거에 의하여 선출한다.

② 제1항의 선거에 있어서 최고득표자가 2인 이상인 때에는 국회의 재적의원 과반수가 출석한 공개회의에서 다수표를 얻은 자를 당선자로 한다.

③ 대통령후보자가 1인일 때에는 그 득표수가 선거권자 총수의 3분의 1 이상이 아니면 대통령으로 당선될 수 없다.

④ 대통령으로 선거될 수 있는 자는 국회의원의 피선거권이 있고 선거일 현재 40세에 달하여야 한다.

⑤ 대통령의 선거에 관한 사항은 법률로 정한다.

제68조

① 대통령의 임기가 만료되는 때에는 임기만료 70일 내지 40일 전에 후임자를 선거한다.

② 대통령이 궐위된 때 또는 대통령 당선자가 사망하거나 판결 기타의 사유로 그 자격을 상실한 때에는 60일 이내에 후임자를 선거한다.

제69조

대통령은 취임에 즈음하여 다음의 선서를 한다. "나는 헌법을 준수하고 국가를 보위하며 조국의 평화적 통일과 국민의 자유와 복리의 증진 및 민족문화의 창달에 노력하여 대통령으로서의 직책을 성실히 수행할 것을 국민 앞에 엄숙히 선서합니다."

제70조

대통령의 임기는 5년으로 하며, 중임할 수 없다.

제71조

대통령이 궐위되거나 사고로 인하여 직무를 수행할 수 없을 때에는 국무총리, 법률이 정한 국무위원의 순서로 그 권한을 대행한다.

제72조

대통령은 필요하다고 인정할 때에는 외교·국방·통일 기타 국가안위에 관한 중요정책을 국민투표에 붙일 수 있다.

제73조

대통령은 조약을 체결·비준하고, 외교사절을 신임·접수 또는 파견하며, 선전포고와 강화를 한다.

제74조

① 대통령은 헌법과 법률이 정하는 바에 의하여 국군을 통수한다.

② 국군의 조직과 편성은 법률로 정한다.

제75조

대통령은 법률에서 구체적으로 범위를 정하여 위임받은 사항과 법률을 집행하기 위하여 필요한 사항에 관하여 대통령령을 발할 수 있다.

제76조

① 대통령은 내우·외환·천재·지변 또는 중대한 재정·경제상의 위기에 있어서 국가의 안전보장 또는 공공의 안녕질서를 유지하기 위하여 긴급한 조치가 필요하고 국회의 집회를 기다릴 여유가 없을 때에 한하여 최소한으로 필요한 재정·경제상의 처분을 하거나 이에 관하여 법률의 효력을 가지는 명령을 발할 수 있다.

② 대통령은 국가의 안위에 관계되는 중대한 교전상태에 있어서 국가를 보위하기 위하여 긴급한 조치가 필요하고 국회의 집회가 불가능한 때에 한하여 법률의 효력을 가지는 명령을 발할 수 있다.

③ 대통령은 제1항과 제2항의 처분 또는 명령을 한 때에는 지체없이 국회에 보고하여 그 승인을 얻어야 한다.
④ 제3항의 승인을 얻지 못한 때에는 그 처분 또는 명령은 그때부터 효력을 상실한다. 이 경우 그 명령에 의하여 개정 또는 폐지되었던 법률은 그 명령이 승인을 얻지 못한 때부터 당연히 효력을 회복한다.
⑤ 대통령은 제3항과 제4항의 사유를 지체없이 공포하여야 한다.

제77조

① 대통령은 전시·사변 또는 이에 준하는 국가비상사태에 있어서 병력으로써 군사상의 필요에 응하거나 공공의 안녕질서를 유지할 필요가 있을 때에는 법률이 정하는 바에 의하여 계엄을 선포할 수 있다.
② 계엄은 비상계엄과 경비계엄으로 한다.
③ 비상계엄이 선포된 때에는 법률이 정하는 바에 의하여 영장제도, 언론·출판·집회·결사의 자유, 정부나 법원의 권한에 관하여 특별한 조치를 할 수 있다.
④ 계엄을 선포한 때에는 대통령은 지체없이 국회에 통고하여야 한다.
⑤ 국회가 재적의원 과반수의 찬성으로 계엄의 해제를 요

구한 때에는 대통령은 이를 해제하여야 한다.

제78조
대통령은 헌법과 법률이 정하는 바에 의하여 공무원을 임면한다.

제79조
① 대통령은 법률이 정하는 바에 의하여 사면 · 감형 또는 복권을 명할 수 있다.
② 일반사면을 명하려면 국회의 동의를 얻어야 한다.
③ 사면 · 감형 및 복권에 관한 사항은 법률로 정한다.

제80조
대통령은 법률이 정하는 바에 의하여 훈장 기타의 영전을 수여한다.

제81조
대통령은 국회에 출석하여 발언하거나 서한으로 의견을 표시할 수 있다.

제82조

대통령의 국법상 행위는 문서로써 하며, 이 문서에는 국무총리와 관계 국무위원이 부서한다. 군사에 관한 것도 또한 같다.

제83조

대통령은 국무총리·국무위원·행정각부의 장 기타 법률이 정하는 공사의 직을 겸할 수 없다.

제84조

대통령은 내란 또는 외환의 죄를 범한 경우를 제외하고는 재직 중 형사상의 소추를 받지 아니한다.

제85조

전직대통령의 신분과 예우에 관하여는 법률로 정한다.

제2절 행정부

제1관 국무총리와 국무위원

제86조

① 국무총리는 국회의 동의를 얻어 대통령이 임명한다.

② 국무총리는 대통령을 보좌하며, 행정에 관하여 대통령의 명을 받아 행정각부를 통할한다.
③ 군인은 현역을 면한 후가 아니면 국무총리로 임명될 수 없다.

제87조

① 국무위원은 국무총리의 제청으로 대통령이 임명한다.
② 국무위원은 국정에 관하여 대통령을 보좌하며, 국무회의의 구성원으로서 국정을 심의한다.
③ 국무총리는 국무위원의 해임을 대통령에게 건의할 수 있다.
④ 군인은 현역을 면한 후가 아니면 국무위원으로 임명될 수 없다.

제2관 국무회의

제88조

① 국무회의는 정부의 권한에 속하는 중요한 정책을 심의한다.
② 국무회의는 대통령·국무총리와 15인 이상 30인 이하의 국무위원으로 구성한다.
③ 대통령은 국무회의의 의장이 되고, 국무총리는 부의장

이 된다.

제89조

다음 사항은 국무회의의 심의를 거쳐야 한다.
1. 국정의 기본계획과 정부의 일반정책
2. 선전·강화 기타 중요한 대외정책
3. 헌법개정안·국민투표안·조약안·법률안 및 대통령령안
4. 예산안·결산·국유재산처분의 기본계획·국가의 부담이 될 계약 기타 재정에 관한 중요사항
5. 대통령의 긴급명령·긴급재정경제처분 및 명령 또는 계엄과 그 해제
6. 군사에 관한 중요사항
7. 국회의 임시회 집회의 요구
8. 영전수여
9. 사면·감형과 복권
10. 행정각부간의 권한의 획정
11. 정부 안의 권한의 위임 또는 배정에 관한 기본계획
12. 국정처리상황의 평가·분석
13. 행정각부의 중요한 정책의 수립과 조정
14. 정당해산의 제소

15. 정부에 제출 또는 회부된 정부의 정책에 관계되는 청원의 심사
16. 검찰총장·합동참모의장·각군참모총장·국립대학교 총장·대사 기타 법률이 정한 공무원과 국영기업체관리자의 임명
17. 기타 대통령·국무총리 또는 국무위원이 제출한 사항

제90조

① 국정의 중요한 사항에 관한 대통령의 자문에 응하기 위하여 국가원로로 구성되는 국가원로자문회의를 둘 수 있다.
② 국가원로자문회의의 의장은 직전대통령이 된다. 다만, 직전대통령이 없을 때에는 대통령이 지명한다.
③ 국가원로자문회의의 조직·직무범위 기타 필요한 사항은 법률로 정한다.

제91조

① 국가안전보장에 관련되는 대외정책·군사정책과 국내정책의 수립에 관하여 국무회의의 심의에 앞서 대통령의 자문에 응하기 위하여 국가안전보장회의를 둔다.
② 국가안전보장회의는 대통령이 주재한다.

③ 국가안전보장회의의 조직·직무범위 기타 필요한 사항은 법률로 정한다.

제92조
① 평화통일정책의 수립에 관한 대통령의 자문에 응하기 위하여 민주평화통일자문회의를 둘 수 있다.
② 민주평화통일자문회의의 조직·직무범위 기타 필요한 사항은 법률로 정한다.

제93조
① 국민경제의 발전을 위한 중요정책의 수립에 관하여 대통령의 자문에 응하기 위하여 국민경제자문회의를 둘 수 있다.
② 국민경제자문회의의 조직·직무범위 기타 필요한 사항은 법률로 정한다.

제3관 행정각부

제94조
행정각부의 장은 국무위원 중에서 국무총리의 제청으로 대통령이 임명한다.

제95조

국무총리 또는 행정각부의 장은 소관사무에 관하여 법률이나 대통령령의 위임 또는 직권으로 총리령 또는 부령을 발할 수 있다.

제96조

행정각부의 설치·조직과 직무범위는 법률로 정한다.

제4관 감사원

제97조

국가의 세입·세출의 결산, 국가 및 법률이 정한 단체의 회계검사와 행정기관 및 공무원의 직무에 관한 감찰을 하기 위하여 대통령 소속하에 감사원을 둔다.

제98조

① 감사원은 원장을 포함한 5인 이상 11인 이하의 감사위원으로 구성한다.
② 원장은 국회의 동의를 얻어 대통령이 임명하고, 그 임기는 4년으로 하며, 1차에 한하여 중임할 수 있다.
③ 감사위원은 원장의 제청으로 대통령이 임명하고, 그 임기는 4년으로 하며, 1차에 한하여 중임할 수 있다.

제99조

감사원은 세입·세출의 결산을 매년 검사하여 대통령과 차년도국회에 그 결과를 보고하여야 한다.

제100조

감사원의 조직·직무범위·감사위원의 자격·감사대상공무원의 범위 기타 필요한 사항은 법률로 정한다.

제5장
법원

제101조

① 사법권은 법관으로 구성된 법원에 속한다.

② 법원은 최고법원인 대법원과 각급법원으로 조직된다.

③ 법관의 자격은 법률로 정한다.

제102조

① 대법원에 부를 둘 수 있다.

② 대법원에 대법관을 둔다. 다만, 법률이 정하는 바에 의

하여 대법관이 아닌 법관을 둘 수 있다.
③ 대법원과 각급법원의 조직은 법률로 정한다.

제103조

법관은 헌법과 법률에 의하여 그 양심에 따라 독립하여 심판한다.

제104조

① 대법원장은 국회의 동의를 얻어 대통령이 임명한다.
② 대법관은 대법원장의 제청으로 국회의 동의를 얻어 대통령이 임명한다.
③ 대법원장과 대법관이 아닌 법관은 대법관회의의 동의를 얻어 대법원장이 임명한다.

제105조

① 대법원장의 임기는 6년으로 하며, 중임할 수 없다.
② 대법관의 임기는 6년으로 하며, 법률이 정하는 바에 의하여 연임할 수 있다.
③ 대법원장과 대법관이 아닌 법관의 임기는 10년으로 하며, 법률이 정하는 바에 의하여 연임할 수 있다.
④ 법관의 정년은 법률로 정한다.

제106조

① 법관은 탄핵 또는 금고 이상의 형의 선고에 의하지 아니하고는 파면되지 아니하며, 징계처분에 의하지 아니하고는 정직·감봉 기타 불리한 처분을 받지 아니한다.

② 법관이 중대한 심신상의 장해로 직무를 수행할 수 없을 때에는 법률이 정하는 바에 의하여 퇴직하게 할 수 있다.

제107조

① 법률이 헌법에 위반되는 여부가 재판의 전제가 된 경우에는 법원은 헌법재판소에 제청하여 그 심판에 의하여 재판한다.

② 명령·규칙 또는 처분이 헌법이나 법률에 위반되는 여부가 재판의 전제가 된 경우에는 대법원은 이를 최종적으로 심사할 권한을 가진다.

③ 재판의 전심절차로서 행정심판을 할 수 있다. 행정심판의 절차는 법률로 정하되, 사법절차가 준용되어야 한다.

제108조

대법원은 법률에 저촉되지 아니하는 범위 안에서 소송에 관한 절차, 법원의 내부규율과 사무처리에 관한 규칙을 제정할 수 있다.

제109조
재판의 심리와 판결은 공개한다. 다만, 심리는 국가의 안전보장 또는 안녕질서를 방해하거나 선량한 풍속을 해할 염려가 있을 때에는 법원의 결정으로 공개하지 아니할 수 있다.

제110조
① 군사재판을 관할하기 위하여 특별법원으로서 군사법원을 둘 수 있다.
② 군사법원의 상고심은 대법원에서 관할한다.
③ 군사법원의 조직·권한 및 재판관의 자격은 법률로 정한다.
④ 비상계엄하의 군사재판은 군인·군무원의 범죄나 군사에 관한 간첩죄의 경우와 초병·초소·유독음식물공급·포로에 관한 죄 중 법률이 정한 경우에 한하여 단심으로 할 수 있다. 다만, 사형을 선고한 경우에는 그러하지 아니하다.

제6장
헌법재판소

제111조
① 헌법재판소는 다음 사항을 관장한다.
  1) 법원의 제청에 의한 법률의 위헌여부 심판
  2) 탄핵의 심판
  3) 정당의 해산 심판
  4) 국가기관 상호간, 국가기관과 지방자치단체간 및 지방자치단체 상호간의 권한쟁의에 관한 심판
  5) 법률이 정하는 헌법소원에 관한 심판
② 헌법재판소는 법관의 자격을 가진 9인의 재판관으로 구

성하며, 재판관은 대통령이 임명한다.
③ 제2항의 재판관중 3인은 국회에서 선출하는 자를, 3인은 대법원장이 지명하는 자를 임명한다.
④ 헌법재판소의 장은 국회의 동의를 얻어 재판관 중에서 대통령이 임명한다.

제112조

① 헌법재판소 재판관의 임기는 6년으로 하며, 법률이 정하는 바에 의하여 연임할 수 있다.
② 헌법재판소 재판관은 정당에 가입하거나 정치에 관여할 수 없다.
③ 헌법재판소 재판관은 탄핵 또는 금고 이상의 형의 선고에 의하지 아니하고는 파면되지 아니한다.

제113조

① 헌법재판소에서 법률의 위헌결정, 탄핵의 결정, 정당해산의 결정 또는 헌법소원에 관한 인용결정을 할 때에는 재판관 6인 이상의 찬성이 있어야 한다.
② 헌법재판소는 법률에 저촉되지 아니하는 범위 안에서 심판에 관한 절차, 내부규율과 사무처리에 관한 규칙을 제정할 수 있다.

③ 헌법재판소의 조직과 운영 기타 필요한 사항은 법률로 정한다.

제7장
선거관리

제114조

① 선거와 국민투표의 공정한 관리 및 정당에 관한 사무를 처리하기 위하여 선거관리위원회를 둔다.

② 중앙선거관리위원회는 대통령이 임명하는 3인, 국회에서 선출하는 3인과 대법원장이 지명하는 3인의 위원으로 구성한다. 위원장은 위원 중에서 호선한다.

③ 위원의 임기는 6년으로 한다.

④ 위원은 정당에 가입하거나 정치에 관여할 수 없다.

⑤ 위원은 탄핵 또는 금고 이상의 형의 선고에 의하지 아니

하고는 파면되지 아니한다.
⑥ 중앙선거관리위원회는 법령의 범위 안에서 선거관리·국민투표관리 또는 정당사무에 관한 규칙을 제정할 수 있으며, 법률에 저촉되지 아니하는 범위 안에서 내부규율에 관한 규칙을 제정할 수 있다.
⑦ 각급 선거관리위원회의 조직·직무범위 기타 필요한 사항은 법률로 정한다.

제115조
① 각급 선거관리위원회는 선거인명부의 작성 등 선거사무와 국민투표사무에 관하여 관계 행정기관에 필요한 지시를 할 수 있다.
② 제1항의 지시를 받은 당해 행정기관은 이에 응하여야 한다.

제116조
① 선거운동은 각급 선거관리위원회의 관리하에 법률이 정하는 범위 안에서 하되, 균등한 기회가 보장되어야 한다.
② 선거에 관한 경비는 법률이 정하는 경우를 제외하고는 정당 또는 후보자에게 부담시킬 수 없다.

제8장
지방자치

제117조
① 지방자치단체는 주민의 복리에 관한 사무를 처리하고 재산을 관리하며, 법령의 범위 안에서 자치에 관한 규정을 제정할 수 있다.
② 지방자치단체의 종류는 법률로 정한다.

제118조
① 지방자치단체에 의회를 둔다.
② 지방의회의 조직 · 권한 · 의원선거와 지방자치단체의

장의 선임방법 기타 지방자치단체의 조직과 운영에 관한 사항은 법률로 정한다.

제9장
경제

제119조
① 대한민국의 경제질서는 개인과 기업의 경제상의 자유와 창의를 존중함을 기본으로 한다.
② 국가는 균형있는 국민경제의 성장 및 안정과 적정한 소득의 분배를 유지하고, 시장의 지배와 경제력의 남용을 방지하며, 경제주체간의 조화를 통한 경제의 민주화를 위하여 경제에 관한 규제와 조정을 할 수 있다.

제120조

① 광물 기타 중요한 지하자원·수산자원·수력과 경제상 이용할 수 있는 자연력은 법률이 정하는 바에 의하여 일정한 기간 그 채취·개발 또는 이용을 특허할 수 있다.

② 국토와 자원은 국가의 보호를 받으며, 국가는 그 균형있는 개발과 이용을 위하여 필요한 계획을 수립한다.

제121조

① 국가는 농지에 관하여 경자유전의 원칙이 달성될 수 있도록 노력하여야 하며, 농지의 소작제도는 금지된다.

② 농업생산성의 제고와 농지의 합리적인 이용을 위하거나 불가피한 사정으로 발생하는 농지의 임대차와 위탁경영은 법률이 정하는 바에 의하여 인정된다.

제122조

국가는 국민 모두의 생산 및 생활의 기반이 되는 국토의 효율적이고 균형있는 이용·개발과 보전을 위하여 법률이 정하는 바에 의하여 그에 관한 필요한 제한과 의무를 과할 수 있다.

제123조

① 국가는 농업 및 어업을 보호·육성하기 위하여 농·어촌종합개발과 그 지원등 필요한 계획을 수립·시행하여야 한다.

② 국가는 지역간의 균형있는 발전을 위하여 지역경제를 육성할 의무를 진다.

③ 국가는 중소기업을 보호·육성하여야 한다.

④ 국가는 농수산물의 수급균형과 유통구조의 개선에 노력하여 가격안정을 도모함으로써 농·어민의 이익을 보호한다.

⑤ 국가는 농·어민과 중소기업의 자조조직을 육성하여야 하며, 그 자율적 활동과 발전을 보장한다.

제124조

국가는 건전한 소비행위를 계도하고 생산품의 품질향상을 촉구하기 위한 소비자보호운동을 법률이 정하는 바에 의하여 보장한다.

제125조

국가는 대외무역을 육성하며, 이를 규제·조정할 수 있다.

제126조

국방상 또는 국민경제상 긴절한 필요로 인하여 법률이 정하는 경우를 제외하고는, 사영기업을 국유 또는 공유로 이전하거나 그 경영을 통제 또는 관리할 수 없다.

제127조

① 국가는 과학기술의 혁신과 정보 및 인력의 개발을 통하여 국민경제의 발전에 노력하여야 한다.
② 국가는 국가표준제도를 확립한다.
③ 대통령은 제1항의 목적을 달성하기 위하여 필요한 자문기구를 둘 수 있다.

제10장
헌법개정

제128조

① 헌법개정은 국회재적의원 과반수 또는 대통령의 발의로 제안된다.
② 대통령의 임기연장 또는 중임변경을 위한 헌법개정은 그 헌법개정 제안 당시의 대통령에 대하여는 효력이 없다.

제129조

제안된 헌법개정안은 대통령이 20일 이상의 기간 이를 공고하여야 한다.

제130조

① 국회는 헌법개정안이 공고된 날로부터 60일 이내에 의결하여야 하며, 국회의 의결은 재적의원 3분의 2 이상의 찬성을 얻어야 한다.

② 헌법개정안은 국회가 의결한 후 30일 이내에 국민투표에 붙여 국회의원선거권자 과반수의 투표와 투표자 과반수의 찬성을 얻어야 한다.

③ 헌법개정안이 제2항의 찬성을 얻은 때에는 헌법개정은 확정되며, 대통령은 즉시 이를 공포하여야 한다.

부칙
〈헌법 제10호, 1987. 10. 29〉

제1조

이 헌법은 1988년 2월 25일부터 시행한다. 다만, 이 헌법을 시행하기 위하여 필요한 법률의 제정·개정과 이 헌법에 의한 대통령 및 국회의원의 선거 기타 이 헌법시행에 관한 준비는 이 헌법시행 전에 할 수 있다.

제2조

① 이 헌법에 의한 최초의 대통령선거는 이 헌법시행일 40일 전까지 실시한다.
② 이 헌법에 의한 최초의 대통령의 임기는 이 헌법시행일로부터 개시한다.

제3조

① 이 헌법에 의한 최초의 국회의원선거는 이 헌법공포일로부터 6월 이내에 실시하며, 이 헌법에 의하여 선출된 최초의 국회의원의 임기는 국회의원선거후 이 헌법에 의한 국회의 최초의 집회일로부터 개시한다.
② 이 헌법공포 당시의 국회의원의 임기는 제1항에 의한 국회의 최초의 집회일 전일까지로 한다.

제4조

① 이 헌법시행 당시의 공무원과 정부가 임명한 기업체의 임원은 이 헌법에 의하여 임명된 것으로 본다. 다만, 이 헌법에 의하여 선임방법이나 임명권자가 변경된 공무원

과 대법원장 및 감사원장은 이 헌법에 의하여 후임자가 선임될 때까지 그 직무를 행하며, 이 경우 전임자인 공무원의 임기는 후임자가 선임되는 전일까지로 한다.
② 이 헌법시행 당시의 대법원장과 대법원판사가 아닌 법관은 제1항 단서의 규정에 불구하고 이 헌법에 의하여 임명된 것으로 본다.
③ 이 헌법 중 공무원의 임기 또는 중임제한에 관한 규정은 이 헌법에 의하여 그 공무원이 최초로 선출 또는 임명된 때로부터 적용한다.

제5조

이 헌법시행 당시의 법령과 조약은 이 헌법에 위배되지 아니하는 한 그 효력을 지속한다.

제6조

이 헌법시행 당시에 이 헌법에 의하여 새로 설치될 기관의 권한에 속하는 직무를 행하고 있는 기관은 이 헌법에 의하여 새로운 기관이 설치될 때까지 존속하며 그 직무를 행한다.

제21대 대통령 이재명 희망의 대한민국
대통령 취임사 특별 수록집

초판 1쇄 • 2025년 6월 5일

지은이 • 대한민국
옮긴이 • 대한의소리편집부
펴낸곳 • 대한의소리
디자인 • 차소정·김소미
출판등록 • 2021년 5월 21일 제2021-000019호.
ISBN • 979-11-93282-27-4

* 책값은 뒤표지에 있습니다.
* 파본은 구입하신 서점에서 교환해 드립니다.
* 이 책은 저작권법에 의하여 보호를 받는 저작물이므로 무단 전재와 복제를 금합니다.

대한의소리는 독자 여러분의 책에 관한 생각과 원고 투고를 언제나 기다리고 있습니다.
책 출간을 원하시는 분은 이메일 voiceinkorea@gmail.com로 투고 원고와 함께 자료를 보내
주실 기다리겠습니다.